U0056881

小資租屋大哉問

全面剖析從找屋、看屋、簽約
到入住會遇到的常見問題

崔媽媽基金會——著

看屋檢核表

<table>
<tr><td>房屋地址</td><td colspan="3"></td></tr>
<tr><td>每月租金</td><td>元</td><td rowspan="2">其他費用</td><td rowspan="2">水費：□租金內含 □另計 收費標準：□每月定額____元 □按表計算，每度______元
電費：□租金內含 □另計 收費標準：□每月定額____元 □按表計算，每度______元
管理／清潔費：□租金內含 □另計 收費標準：□每月_______元</td></tr>
<tr><td>押　　金</td><td>元/個月</td></tr>
<tr><td colspan="4">外　部　環　境</td></tr>
<tr><td colspan="2">■ 附近是否有乾洗店、小吃店、便利商店？</td><td colspan="2">□便利　□不便利</td></tr>
<tr><td colspan="2">■ 附近是否有公車站牌或鄰近捷運站？</td><td colspan="2">□有　□沒有</td></tr>
<tr><td colspan="2">■ 附近是否有市場／學校／夜市／近馬路邊？</td><td colspan="2">□吵雜　□安靜</td></tr>
<tr><td colspan="2">■ 共同出入大門是否有隨手關門？</td><td colspan="2">□有　□沒有</td></tr>
<tr><td colspan="2">■ 樓梯走道是否堆放雜物妨礙通行？</td><td colspan="2">□有　□沒有</td></tr>
<tr><td colspan="2">■ 樓梯走道照明是否充足？</td><td colspan="2">□是　□否</td></tr>
<tr><td colspan="4">■ 其他備註：</td></tr>
<tr><td colspan="4">內　部　環　境</td></tr>
<tr><td rowspan="2">房間格局</td><td rowspan="2">房/　　廳/　　衛/廚房□有□無</td><td colspan="2">室內總坪數：　　坪　房間坪數：　　坪/　　坪</td></tr>
<tr><td colspan="2">※1 坪的大小約等於一張雙人床或二個塌塌米 ※</td></tr>
</table>

<table>
<tr><td rowspan="2">窗 戶 數</td><td>共有　　扇窗，窗戶方位：□東向 □西向</td><td>空氣通風</td><td>□通風良好　□通風不佳</td></tr>
<tr><td>※ 東向窗清晨日照強，西向窗則會有西晒的影響 ※</td><td>炊　　煮</td><td>□可開火炊煮 □不可炊煮</td></tr>
<tr><td rowspan="2">設　備</td><td colspan="3">□熱水器 □洗衣機 □電視機（年限：目前已使用______年 ）□有線電視 □飲水機 □微波爐 □衣櫃 □電話線 □ADSL / 撥接上網 □插座（數目：_______個）□冰箱（年限：目前已使用 年）□冷氣機（共 _____ 台，目前已使用______年） □瓦斯爐/電磁爐 （□桶裝瓦斯 / □天然瓦斯） □書桌 □雙人/單人床 □抽水馬桶 □照明設備 □其他</td></tr>
<tr><td colspan="3">※ 上述各設備，請現場測試是否可正常使用 ※</td></tr>
<tr><td>安　全</td><td colspan="3">□緊急照明設備 □滅火器（請注意使用期限） □鐵窗緊急逃生□可順利開啟 □煙霧偵測器 □緩降梯 □逃生門 □防火巷暢通 □樑柱是否有裂縫或彎曲，影響結構安全</td></tr>
<tr><td colspan="4">注　意　事　項</td></tr>
<tr><td rowspan="7">■需與房東確認</td><td colspan="3">1） 租金的交付方式：□轉帳匯款 □現金交付 □其他</td></tr>
<tr><td colspan="3">2） 租金支出是否可申報抵稅：□可 □否</td></tr>
<tr><td colspan="3">3） 可否飼養寵物：□可 □否</td></tr>
<tr><td>4） 是否可更換或加裝門鎖：□可 □否</td><td colspan="2">※ 遷離時，需將更換處回復原狀 ※</td></tr>
<tr><td colspan="3">5） 是否可接待朋友過夜：□可 □否</td></tr>
<tr><td colspan="3">6） 牆壁是否可釘釘子：□可 □否</td></tr>
<tr><td colspan="3">7） 若社區訂有住戶公約，請房東提供文件以了解自身權利義務關係</td></tr>
<tr><td rowspan="3">■若有室友同住
需注意事項</td><td colspan="3">● 需瞭解室友人數、性別、年齡、職業、作息等資訊，以免造成日後相處上的困擾</td></tr>
<tr><td colspan="3">● 留意屋內公共空間的使用狀況（藉以判斷室友是否有公德心）</td></tr>
<tr><td colspan="3">● 瞭解共同勞務工作的分攤方式</td></tr>
</table>

資料來源：大喜文化《小資租屋大哉問》

存證信函範例

本存證信函範例應配合財團法人崔媽媽基金會所編定之租賃契約書共同使用。

◎ 範例【一之一】：到期不再續約

台端與本人於□年□月□日所簽訂之房租租賃契約，租期將於□年□月□日屆滿，屆時該房屋不再續租，盼 台端於到期時，依約將房屋返還予本人，無任感激。

◎ 範例【一之二】：到期不再續約

□□□先生台鑒：

台端向本人承租位於□縣市□路□號□樓之房屋，租期至□年□月□日止，本人特此聲明屆期不再續租，謹請台端屆期按時搬遷將房屋點交返還本人，特此通告，耑此 順頌 時綏

◎ 範例【二】：到期應再訂新約，否則不再續租

台端與本人於□年□月□日所簽訂之房屋租賃契約，租期將於□年□月□日屆滿。台端如欲續租，希台端於□年□月□日前（註：期限可訂在到期日前半個月以上，一個月以內，不宜過長）與本人洽商重新訂約之事宜並簽妥新約，逾期未簽訂新約者，則不再出租予 台端，盼 台端屆時依約將房屋返還予本人，無任感激。

範例【三】：修繕義務之通知

按本人前於民國□年□月□日向　台端承租門牌號碼□市□路□段□巷□號□樓房屋，詎於本人遷入後未達月餘，即發覺浴室內之馬桶不通，且廚房天花板嚴重漏水，除整日滴水外，並因而導致油漆不斷剝落，影響廚房衛生甚劇。本人於□年□月□日曾以電話與　台端聯絡，惟不見　台端採取修復措施，特再以本函催請　台端於三日內履行民法第四百二十九條之修繕義務，逾期則本人將自行僱請水電工修復。至於修復費用，本人將逕自本月份租金中扣除，特此通知，希待見覆。

範例【四】：返還押租金之通知函

按　台端與本人於中華民國□年□月□日所簽訂之不動產租賃契約，租賃位於□市□路□號之房屋，業已於□年□月□日屆滿，並經本人遷還房屋與　台端。查本人於簽訂租賃契約時，已交付　台端押租金新台幣□元，依約　台端應於租期屆滿時返還押租金於本人。惟屢經本人催告　台端返還前述押租金，　台端均置之不理，特此函告台端於函到七日內，返還前述押租金與本人，以免爭訟。

資料來源：大喜文化《小資租屋大哉問》

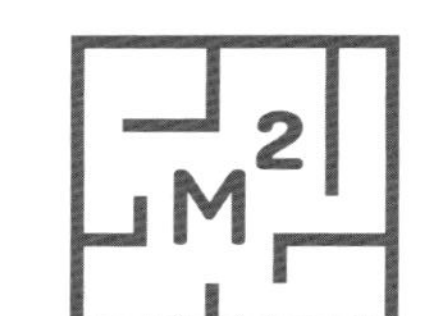

A4 版《看屋檢核表》
下載 QR Code

http://j.mp/2Gv5MFd

目錄

PART1 找屋準備：尋殼機動隊出動

PART2 看屋停看聽

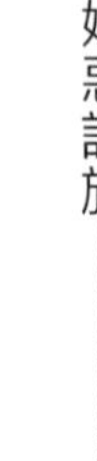
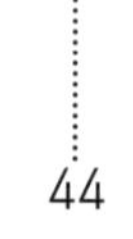
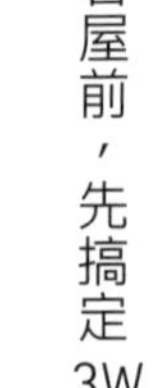
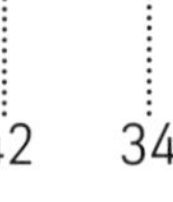

PART3 租賃契約二三事：租賃雷達開了沒？

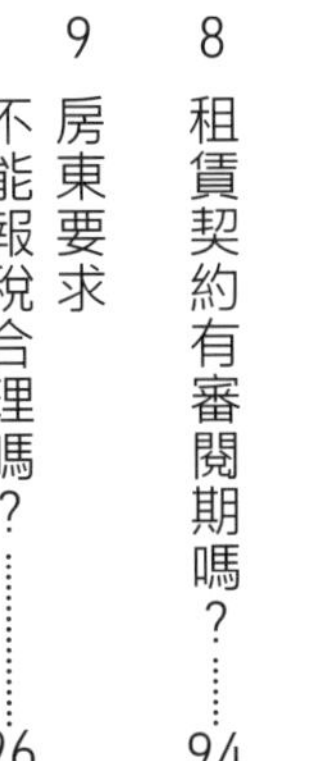

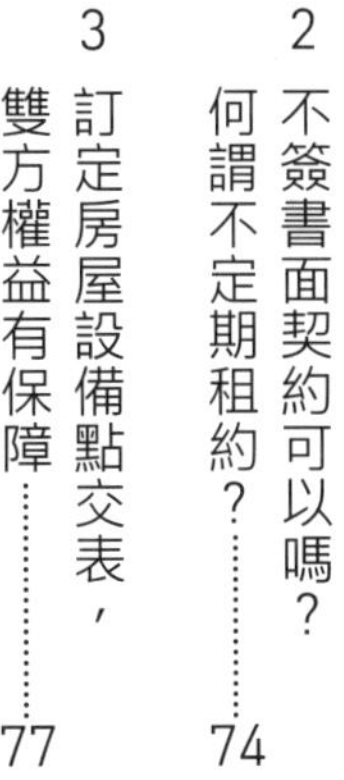

PART4 順利入住 愉快承租

PART5 租屋常見糾紛

附錄

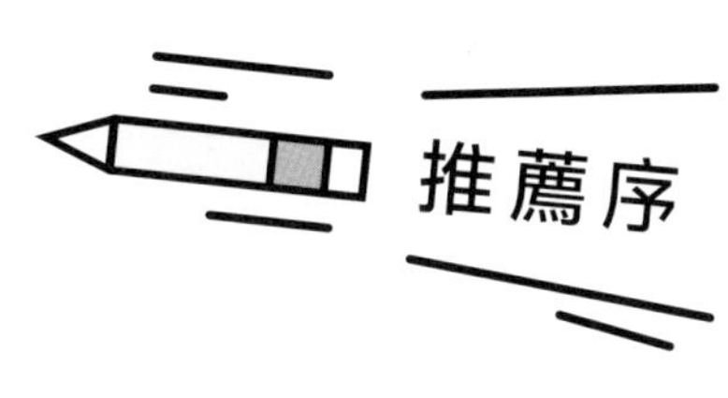

推薦序

日前接到崔媽媽基金會的邀請，幫這本《小資租屋大哉問》寫推薦序時，腦中開始浮現當年讀研究所時，在外租屋時的情景，那時我雖然已經是大學法律系的畢業生，但對我來說，「租賃」還只是個存在於書本上的知識，當時我也還不認識崔媽媽基金會，市面上也還沒有一本有系統地教我如何找屋、看屋、租屋的書籍，只能靠自己摸索。幸好，我有過離家租屋一個人住的經驗，否則這篇推薦序恐怕要難產了。

記得我考上研究所後到學校報到的那天，除了報到之外，另一個重要任務就是要找地方住。那時我完全沒有事先蒐集租屋的資訊，就傻傻的在校園周邊找招租的紅布條打上面的電話給房東，看屋時也只有看看房間的大小，稍稍了解公共區域設備的使用，詢問水、電、網路費用如何分擔而已，就草草的簽約並付了押金給房東。現在回想起來，這樣在外租屋三年沒有發生任何的糾紛，應該也是運氣好吧！

直到當執業律師之後，才發現在「租屋」這件事情上有太多書本上不會教的眉角，因為租屋不單純只是法律上的租賃而已，它還包含著更多的生活經驗及人跟人的相處，所以市面上也一直缺乏一本「一條龍」式教導房客從找屋到搬離的書籍。我很高興看到崔媽媽基金會在累積二十多年關於租屋的經驗下，出版這本《小資租屋大哉問》，從教你如何找屋開始，再教你如何看屋，提醒你簽約及入住時要注意的事項，最後還有常見法律問題的Q&A，可說是一本完整的租屋教戰手冊。

在我接受法律諮詢的案例中，租屋糾紛的比例並不在少數，但往往因為所涉及的金額多在一萬元上下，所以不論是房東或是房客，實際上會願意為了幾千塊錢而走上法院訴訟的人卻少之又少，多半摸摸鼻子自認倒楣，更遑論是委任律師協助處理，此時糾紛的預防就更顯得重要。這本書除了能幫助你避免糾紛之外，更能教你如何成為一個受歡迎的優質房客，其實在許多時候，房東房客間溫暖的人際關係反而比冷冰冰的契約條文更有利於解決問題，更能獲得雙贏的局面。

如果你是第一次租屋的新鮮人，需要有人一條龍式的教你如何找屋、看屋、租屋，我相信這本《小資租屋大哉問》必定可以滿足你的需求，避免許多不必要的糾紛與煩惱，體驗愉快的第一次一個人生活。

致和法律事務所　劉亞杰　律師

崔媽媽自序

身為租屋族，你不可不知的無殼蝸牛抗爭史

二〇一七年，對於無殼蝸牛是個重要的轉折年，除了促進房東、房客間租賃公平的「房屋租賃定型化契約」正式上路，崔媽媽基金會從六年前促成《住宅法》立法，到倡議提高社會住宅弱勢照顧比例至百分之三十的《住宅法》修正案，也正式在二〇一六年底三讀通過。

從無殼蝸牛運動起家，為弱勢與青年的居住正義發聲

為弱勢與青年的居住正義發聲，是一九八九年「萬人夜宿忠孝東路」的主軸，這個訴求從「無殼蝸牛運動」到成立「崔媽媽基金會」，一起成長的，有因參與志工，決定就讀法律系的眾多義務律師，以及共同參與社會住宅推動聯盟、巢運的各界意見領袖。

同步進展的，更包含臺灣對租屋者的保障，與對青年居住權的協助，例如：一九九九年通過修正的《所得稅法》第十七條，將租屋支出比照購屋貸款利息扣抵所得稅，以及營建署的「青年安心成家方案」等。

「崔媽媽」這個溫馨的名字，是為了紀念一位原本平凡，卻投身於不凡運動的家庭主婦-崔陳水金女士。一九八九因房價狂飆，以李幸長為代表的一群國小老師發起了「無住屋者團結組織」，並於八月二十六日於全台灣房地價最貴的忠孝東路四段舉辦了「萬人夜宿忠孝東路」的行動。堅信「人人有屋住是好事」，也希望以行動表達支持的崔陳水金女士，勉力撐起自己被癌末病魔侵蝕的身體，穿起白紗參加九月二十八日的「百對無屋佳偶結婚典禮」。

知識+行動，租屋族不必然是弱勢

二十多年後的今天，房價狂飆的夢魘仍在，對年輕朋友來說，節節敗退的新鮮人平均起薪，更造成起點的不平等。

崔媽媽基金會除了在二〇一〇年發起「社會住宅推動聯盟」，成功促使馬總統宣告臺灣開始興辦社會住宅，更在隔年倡議通過《奢侈稅》、《住宅法》的立法，進行《實價登錄》的修法；二〇一四年也共同發起「巢運」，持續監督居住政策的公平性，並在二〇一五年推動改革《房地合一稅》，促成全臺六都政府大幅調漲公告地價（調幅均超過三成）。不過，我們知道做得還不夠。東方人「有土斯有財」的觀念仍根深蒂固，助長房價停留在受薪族難以承擔的天際線，除了持續監督各地方政府對《住宅法》的落實，並持續配合政府推動代租代管服務，協助照顧弱勢家庭與年輕租屋族。

這本《小資租屋大哉問》一書的誕生，就是為了讓年輕租屋族知道，租屋並不代表弱勢！

經濟大國德國的房屋自有率僅有百分之四十，表示有六成的人民租屋。這是因為德國政府除針對買賣房子的價差課以多重稅賦，當超過合理樓價的百分之二十，買方甚至可向法院追討賠償，對於租屋者也多重保障，並鼓勵成立各種租屋者協會，只要繳交低廉年費，就可擁有免費的法律諮詢，並提供租屋公定價等資訊，保障租屋者的權益。

要讓臺灣的租屋者，擺脫無殼蝸牛的悲歌，讓租屋者擁有合理的保障，除了透過本書所提供的找屋、租屋注意事項，與相關法律常識外，更需要人人行使公民的權利，持續監督政府在房屋買賣、租賃的法令，主動的，積極的，投入維護你我居住正義的行動中！

01

三指標，找出最佳租屋預算

02

多少預備金才夠？

03

租屋規劃：釐清自己的需求

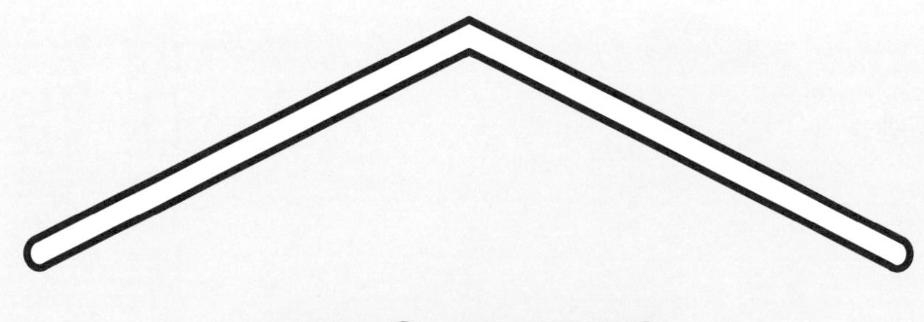

PART1

找屋準備：

尋殼機動隊出動

三指標，找出最佳租屋預算

無論是需要自食其力的學生族，或是剛畢業的新鮮人，過高的房租不僅會壓垮自己，也會侵蝕掉自我充實的本錢。但究竟，怎樣的房租才是合理範圍？不妨綜合以下三個指標來作參考。

1 收支法

一般說來，房租最高不應超過收入的三分之一，亦即起薪兩萬四千元的社會新鮮人，房租不應超過八千元，畢竟光是伙食、交通和電話費等必要開銷就需佔將近一半，若房租佔收入的比例過高，不僅得縮食節衣，也會嚴重影響生活品質，甚至突然出現突發狀況時，也會缺乏周轉金運用。

薪水▶
其他 20%
房租 30%
生活費 50%

2 用時間換空間，用空間換時間

如果是經常需要加班的行業，就必須將通勤所花的時間，和額外的交通成本一併考量。舉例來說，起薪兩萬四千元，工作地點在臺北市的上班族，要找到八千元以下的套房，可能需考慮捷運三十分鐘以上的外圍區域。

但這樣一來，除了每天花在交通接駁、往返的時間可能接近兩小時，萬一需要加班到深夜時，還可能需要額外負擔五、六百元以上的計程車資。因此，如果經濟較為寬裕，且較重視生活品質的人，建議稍微提高一、兩千元的預算，尋找交通較方便、離公司比較近的房子，可能是比較好的選擇。

3 只要做足功課，黃金地段也有便宜房子

萬一，你還有學貸要繳、想存一筆出國進修的基金，房租預算就需要往下修正？恭喜！你已經具備一個成功人士應該要有的心理素質！

事實上，房屋租賃市場由新到舊，從獨立套房、分租套房到分租雅房，即使是臺北市的黃金地段，只要你把握本書的找屋指南，step by step，就能找到適合自己，又符合預算的好房子。

多少預備金才夠？

從找屋、簽約到入住，有很多支出是無法預期的。所以找屋前，一定先確定自己有足夠的存款。那你如果手上的預備金不夠呢？正確答案應該是，像玩「大富翁」遊戲一樣，請退回起點，以手上的預備金，重新設定租屋預算。

1—至少一個月的房租

由於房租是採「預繳」的方式，亦即先付費，後享受。因此一般來說，簽約時需先繳納一個月租金，並將每月付租日訂在當日，所以簽約前至少需準備一個月房租。

此外，因一般薪資大多不是月初，就是月底撥款，所以租屋前可與房東協議，調整到發薪日付租，也比較好掌控之後生活的預算。

2 兩個月押金

押金一般為一至兩個月房租，依《土地法》第九十九條規定，押金不得超過兩個月房租。押金主要用來保護房東的房租收益，或是屋內資產的權益，如果房客遲繳或有毀損屋內資產的情況，則房東得依法扣除押金。若無違約事項，押金將在合約到期，在扣除水電費、清潔費、管理費與瓦斯等相關費用後，就應該全數歸還房客。

3 搬家費用

搬家公司行情落差大，但陷阱也多。以合法的搬家公司而言，視車子噸位與距離、樓層，至少需收取三千五百元以上的費用。如果希望省掉這筆預算，請參考 PART4 的「搬家快易通」，教你用少許預算，就能輕鬆搬家。

此外要特別注意的是，由於多數人會集中在假日或黃道吉日搬家，所以最好提前跟搬家公司敲定行程。有些房東為了方便房客搬家，也會提前開放房間讓房客入住，或把家具遷入，簽約時不妨向房東詢問或爭取。

4 — 水電費

水費與電費皆為兩個月收取一次，但因無法事先預知所租房子的收費時間與金額，所以建議至少先預留一千五至兩千元備用。另外，入住前也需向房東確認，前任房客是否已將水、電費繳清，並提供證明，另外，最好也將水電表當時的度數拍照，提供雙方存證。承租分租套房或雅房者，記得在簽約前，事先詢問房東有關水電費的計費與繳費方式，避免入住後對水電費計算有所落差而出現糾紛。

5 仲介費

由於網路租屋平台的物件屬於開放式，所以屋況好的租屋通常會很搶手，所以若是急著找房子，不妨在鎖定區域後，就直接透過當地的連鎖仲介品牌找屋。一般來說，連鎖仲介公司多半向房東與房客各收取半個月房租（按《不動產經紀條例》規定，仲介公司針對租賃案件收取費用的「總額」不得超過一個月半的房租），地區性的小型仲介公司則收取兩、三千元不等的仲介費。

6 家具和日常用品

獨立套房多半只會附基本家具，如床架、衣櫥、桌椅與電視，有些甚至會附上冰箱與洗衣機。若需添購基本家具，可參考PART4的「添購物品清單」，預算則以自身需求為主，準備五千至一萬元不等。

預備金試算

支出明細	消費金額
房租（必要）	8000 元
押金（必要）	16000 元
水電費（必要）	1500 元
搬家費用（以 1 車估計）	4000 元
仲介費	4000 元
+ 家具、日常用品	5000 元
共計	38500 元

租屋規劃：釐清自己的需求

瞭解自己的預算限制後，接下來就是從既有預算中，找出最符合自己需求的房子。畢竟，有些人喜歡與人互動、有些人怕吵，若是女性，則對安全性要求更高，以下就提供幾項租屋的重要依據來作參考。

1 — 坪數多大才夠用？

所謂一坪（3.24平方公尺），大約是一個雙人床大小。一般出租物件，常見坪數約三到四坪左右，在容納一張單人床、一個單人衣櫥、一張書桌和椅子後，基本上就沒有什麼活動空間了，所以如果有比較多個人用品，或想要住得更舒適一點，可選擇大一點的空間，六、七坪甚至八到十坪的房子。

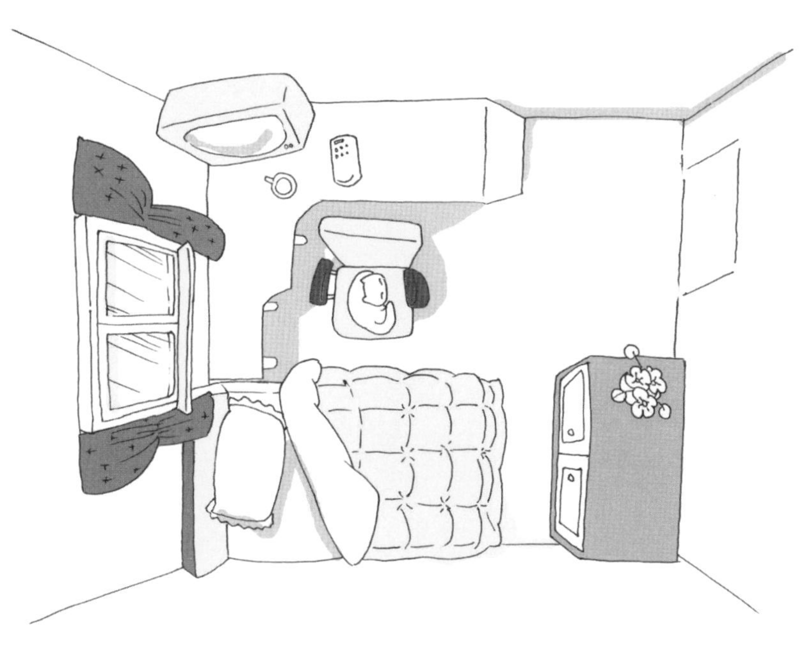

需特別注意的是，以上坪數指的是室內實際坪數，除了老公寓不需扣掉公設外，電梯華廈和新大樓的公設比約在百分之三十五到十五，例如：新大樓的獨立套房很可能會出現權狀坪數十一、十二坪，實際使用坪數卻只有五坪的情形。一般刊登物件多會顯示權狀坪數，所以想知道室內實際坪數，不妨利用租屋網站或房屋仲介網站的「買屋」項目查詢，即可知道同一棟大樓的公設比例。

2 獨立套房、分租套房與雅房不同之處？

獨立套房和分租套房最大的不同，是前者有獨立門牌和專屬的台電電表，後者則是與他人共用門牌，且多透過

| 分租套房 |

| 分租雅房 |

房東私設的獨立電表來計算電費。

而分租套房和分租雅房的最大差異，則在於前者擁有私人衛浴，但部分物件會和他人共用，像是洗衣機、客廳等公共空間與設施；後者則需與他人共用衛浴、客廳等所有的公共空間。要是選擇租賃此兩類房型，建議訂定生活公約，以維持更好的居住品質。

以上三者在電費計算的差異，詳見PART2的「小心電費淘空荷包」。

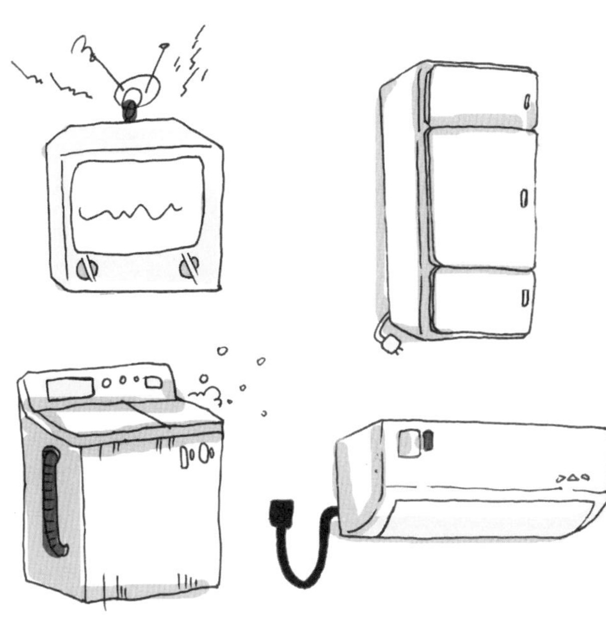

3 不同房型、屋況的價差？

對於租屋新手，預算通常是首要考量。一般來說，雙北地區的雅房月租均價在四千到五千元左右，分租套房約七千元以上，獨立套房則在一萬元以上，並依照房子的地段與新舊程度略微增減。

此外，是否附家具也會影響租金，沒附家具的房子會比地區行情便宜一、兩千元。所以，若承租物件沒附家具，只要住上兩年，省下的房租就可自行購置不少家具。

租屋平台比一比

拜網路發達之賜，近年各大租屋平台崛起，更不乏全國性的平台，讓租屋者越來越便利。但也因為資訊公開，好的物件人人爭搶。如果要在短時間內找到便宜又喜歡的房子，就需要瞭解各種租屋管道的優缺點，並交叉運用。

租屋網站

優點

- 跨區檢索方便
- 房客可免費查詢
- 房東刊登方便，因此筆數較多
- 由房東自由填寫內容，可參考的資訊較多，且多有圖片可供預覽

缺點

- 因刊登方便，無須驗證，所以無法確認房東身份與資訊正確性
- 由房東自行書寫內容，敘述較為雜亂
- 發生糾紛時缺乏調處諮詢功能
- 常見仲介、受託人摻雜其間，不易判斷

連鎖仲介品牌

優點

- 可設定更精準的找屋條件，符合個人需求
- 屋主鑰匙多交由仲介保管，可一次帶看較多物件
- 可代與屋主協商條件
- 有糾紛時可申訴

缺點

- 多為在地化經營，有區域限制
- 大多需付半個月至一個月租金做為仲介費用，加重經濟負擔
- 房客有時無法與房東會談，業者可能也無法代為決定一些事項，溝通時間較長
- 仲介口頭承諾的事項，可能因房東反悔而無法履行，易生糾紛

大專院校租屋網站

（各大專院校官網的雲端平台）

- 方便、免費
- 區域性強，族群特定
- 會驗證屋主身份
- 師長會前往探視
- 校方易掌握區域內房東狀況，可提供學生租屋建議
- 發生糾紛時學校較易介入調處

- 量少，因部分房東不願配合學校規定，或擔心資料曝光造成稅務問題
- 出租資訊有時會過於簡單，較難判斷是否合乎自身需求

紅紙條

（常見於公佈欄或電線桿上）

- 免費
- 文字精簡，可快速瀏覽

- 特定地點取得
- 文字少，參考資料少
- 非屋主刊登比率高

大樓管理員

- 免費
- 資訊不對外公開，競爭者少
- 對大樓內居民的狀況較清楚
- 房屋品質與居住品質較佳

- 筆數少
- 管理員非專門從事租屋的行業人員，專業程度因人而異
- 僅協助帶看，不負責後續洽談

獨立租屋公司

- 有些僅提供出租資訊，有些提供帶看服務，收費通常較連鎖仲介低廉，從兩千元到半個月租金不等

- 需付費購買資料
- 內容有效性與時效性待議
- 無法驗證屋主身份

找屋三步驟

Step1

透過全國性租屋平台，瞭解各區行情，鎖定區域

網路租屋平台的好處，是可跨區檢索，並比較各區的每坪租金均價，所以找屋前，不妨先透過全國性的租屋平台，從圖片與物件資訊感受居住品質，鎖定幾個區域後，再從中尋找合適的物件進行聯繫。

Step2

藉由連鎖仲介和紅紙條，廣搜該區出租物件

全國性租屋平台的物件雖多，但競爭者也多，在搶時間看屋的情況下，不見得能將看屋時間集中在一兩天內，

所以在選定區域後，不妨透過連鎖仲介的在地分店，或公園、學校外的公佈欄，增加看屋效率。

Step3

鎖定機能便利的大樓，直搗管理處

屋況好的房子因為搶手，房東不見得會釋出在公開的網路平台上，以減少被打擾的機會。所以，除了透過以上兩種方式看屋時，如果在前往公司的路上看到生活機能便利、屋況良好的大樓，不妨直接詢問管理員，或許會有意外的收穫。

租屋資訊怎麼看？

租屋平台雖然資訊豐富，也有圖片、地圖等工具，協助找屋者瞭解該物件的屋況與周遭環境，但一定要先行作確認，畢竟租屋資訊是由房東填寫，所以也可能出現誘導式的敘述，或完全不實的資訊。以下是幾種常見的陷阱，建議在找屋時先行過濾掉，或在看屋前與房東在電話中作確認。

1 — 近捷運、近公車站？

對沒有交通工具的人來說，租屋附近的交通是否便利、能否靠近大眾運輸站點是很重要的考量。而真正靠近捷運、公車站的出租物件，多半會以更精確的方式，如距離某捷運站一公里，或從某捷運站步行十分鐘來表示。所以看屋時最好先透過地址，用google map查詢租屋物件和捷運站（或公車站）之間的實際距離。

2 尋找有無對外窗？

由於自然採光不僅關係著房子的潮濕與否，也與身體健康狀況至關重要，所以在看租屋廣告時，首要之務就是尋找窗戶。有對外窗的房子，多半會以文字強調，並附上白天有自然採光的照片。如果房間裝潢得美輪美奐，卻看不到自然光線，就很有可能沒有對外窗，可以考慮在初步篩選時，就把這方面敘述不清的物件刪掉。

3 獨立大陽台？

強調大陽台的物件，要仔細看是否是頂樓加蓋的房間。由於大樓的頂樓屬於公共空間，大樓住戶皆可自由出入，所以在安全性與隱私上較容易有疑慮。此外，頂樓加蓋的房子屬於違建，隨時有被拆遷的可能，對房客來說較無保障。

4 — 哪些房子容易有噪音？

面向大馬路、高架橋旁、或是鄰近鐵道的房子，都容易有噪音干擾，前者從地址就可觀察得到，而後者則需搭配google街景服務查詢。但這些房子若在較高樓層，或是有加裝氣密窗，都可有效降低噪音。

5 — 低價房子的隱藏費用？

一般來說，套房多半會附上基本的家具，例如：床墊、書桌、衣櫥、冰箱、熱水器、冷氣等，有些甚至會內含大樓管理費、第四台與網路費用，但也有許多套房的第四台與網路需重新裝機，入住時還會多上幾千塊的裝機費。有些特別低價的房子，不僅要小心是否為違建，或地區偏遠杳無人煙，甚至是一半處於地下室的「陽光屋」。在比較行情時，記得合併以上因素一起考量。

6 獨立套房與分租套房怎麼分？

為了易於出租，有些房東會將分租套房標示為獨立套房，或是將獨立套房歸類在住家類，標示一房一廳一衛。除了透過照片辨別外，一般來說，只要標示為內含水電費的，多半會是分租套房，不會是獨立套房。獨立套房有自己的門牌號碼和獨立的水電表，無與他人共用之虞。

01

看屋前，先搞定3W1H

02

哪些房子不安全

03

睜開眼睛，避開嫌惡設施

04

怎麼檢查建物是否安全

如何觀察消防安全

停看聽

看屋前，先搞定3W1H

你可知道，從和房東第一次通電話，就是談判的開始？所以在進入談判桌前，最好透過3W1H，事先做好準備。

When

1—預留一、兩個月看屋時間

即使善用各種租屋管道，已過濾掉多數不合適的物件，但要找到符合預算，又滿意的房子，仍要靠機運。加上有些房子或許還有前任房客尚未遷出、需重新粉刷等問題，所以最好在必須租房的前一、兩個月開始找房，以免手忙腳亂，最後甚至必須遷就較差的房子，住得不愉快。

2—白天、晚上各看一次

曾有個案在白天看屋時，覺得是單純清幽的住宅區，但入住後才發現夜間常有流動小吃攤，導致酒客聚集，晚上下班經過時常被騷擾，最後只得違約搬走的狀況。所以白天晚上各看屋一次是很重要的，上班族第一次看屋時，多半只能利用週末的白天，但如果看到喜歡的物件，一定要再找個平常日的晚上，巡視一次房子周遭的環境。

3 晴天、雨天各看一次

雨天看屋的重點在於檢查房子是否漏水，但一來上班族看屋時間有限，不一定能在雨天與房東相約看屋，因此也可透過本章節的「抓漏大隊」，檢查房子是否有漏水的情況。

Where

1 研究交通動線

許多屋主張貼的交通資訊，如：離捷運站五分鐘、近公車站等，常有虛報不實的現象。幸好現在有許多大眾交通運輸轉乘的軟體可供查詢，只要輸入地址，就能得到精準的交通資訊，對於需靠大眾運輸通勤的上班族來說，可說是非常方便。而騎車或開車通勤的人，也可透過google map 查詢交通路線。不過為了確保日後出入安全，看房子時最好能實地考察住家到主要幹道間的動線，是否有暗巷、工地施工、出入份子是否複雜，並確認夜間的照明問題等，知己知彼，才能百戰百勝。

2 檢視生活機能

拜科技之賜，想要瞭解物件周遭的環境，生活機能如何？飲食、生活是否方便？現在只要善用 google 地圖和街景服務，就可辦到。不過看屋時，記得也要稍加比對，畢竟街景服務並非及時更新，避免搬進租屋後，才發現當初在 google 街景所看到的商店早已歇業，無法添購日常用品。

Who

1 找人結伴看屋

除了女性看屋時的安全問題，多找一個人結伴看屋，甚至是有租屋經驗的朋友，除了可以幫忙瞻前顧後，從不同方向檢視房子的問題外，遇到喜歡的房子時，也可以幫忙唱雙簧、敲邊鼓，跟房東議價或爭取其他條件。如果真的必須單獨前往，也最好事先告知家人或好友自己前往的去處，或是請人在特定時間打電話給自己，確保安全。

2 搜集房東情報

如果物件附近有大學，可透過各大學的雲端租屋平台尋找物件。而在大學學區房子的好處是，學校租屋單位除了會檢視屋主身份、違建等問題，也有房東的評價資訊。如果是一般地區的租屋，附近人潮聚集的髮廊、雜貨店，或是大樓的管理處，通常是很好的情報站，不妨在看屋前後多多打聽。

How

1 不帶大筆金錢

看屋後如果雙方有簽約意願，一般需支付房東定金以保留房子，定金多在一千到三千元不等，而這筆定金除非房東無法履約，如果是自己反悔，依據《民法》第兩百四十九條的規定（詳見PART3的「租賃契約有審閱期嗎？」），是無法拿回的。因此為了避免衝動，最好在看屋時，身上只帶少量現金，連提款卡都最好別帶出門。

2 自備收據

看上房子並支付定金後，最好以書面的方式留下證明。收據除了要有雙方的親筆簽名（主要一定要有房東簽名）、物件地址、身份證字號、定金金額外，也可將房東口頭承諾的條件寫下，以便在簽約時納入合約中。這主要是因為口頭承諾雖然具法律效益，但常因舉證困難，最後只能不了了之。而收據的形式不拘，只要是空白的紙張即可。

3 保留廣告

屋主於租屋平台上刊登的資訊，包含屋況、設備與家具，最好列印出來，除了方便在看屋時比對外，萬一在入住後發現情況有所出入，才可以依此做為證據，進行談判或求償。

4 注意儀容與禮節

在租屋市場中，不僅房客怕遇到惡房東，房東也怕遇

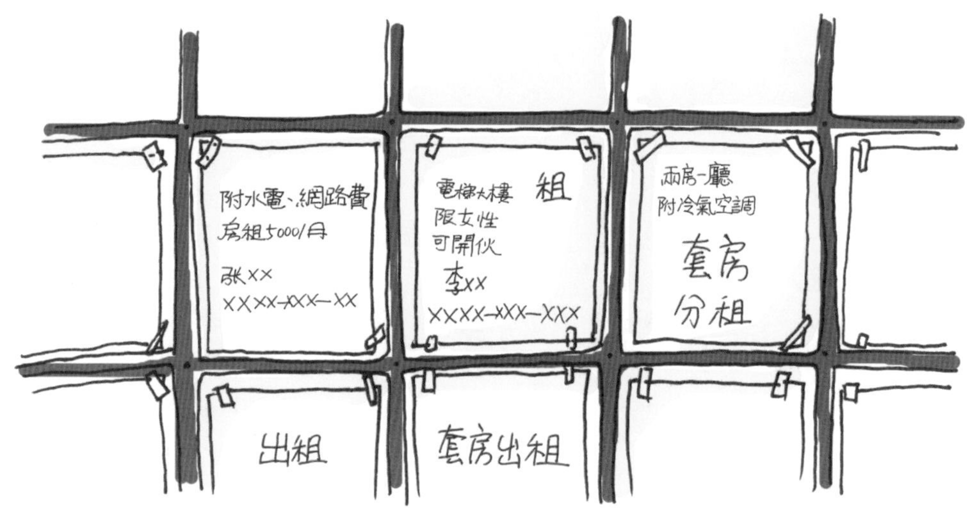

到品行不端的房客，導致房屋受損。所以，看屋時的儀容和禮節是很重要的，甚至可以因為表現得體，多強調自己工作收入的穩定、對房子的愛護等，爭取更多議價空間，或其他設備。

哪些房子不安全

為了確保出入的路線是否安全，進到房子內看屋時，最好以步行方式在住家附近多觀察環境，並注意是否有以下現象。

1 — 避開荒涼路段

搭乘大眾交通工具通勤的人，看房時需注意從捷運站或公車站到住家間，是否需要經過地下道、或施工地等人煙稀少的路段，就算有機車代步，最好也避開田野、河堤邊的房子。

遇到喜歡的房子之所以建議白天、晚上各看一次，也是為了注意街道巷弄的照明是否夠亮，並觀察夜間出入份子是否複雜。

2 — 住家是否易被侵入？

頂樓加蓋的物件雖然低價，但因開放住戶與維修人員自由出入，容易有安全疑慮，尤其舊公寓不像新大樓有較好的保全系統，更增添危險。此外，較低樓層的房子也需注意外觀是否容易讓人攀爬，尤其是一樓遮雨棚有向外延伸者，容易讓人攀爬上樓，最好有鐵窗防護。當然，也要注意鐵窗可否輕鬆打開，並妥善將鐵窗鑰匙保管在室內的逃生動線，例如陽台或窗戶旁的牆壁上。

3 從街道、樓梯間觀察鄰里關係

街道是否清潔，機車是否隨意停放，影響出入動線，都可觀察到鄰居素質。如果是華廈、大樓，可從管理處是否整潔，來觀察社區品質，若是公寓，則全靠鄰居自行維護，除了照明與整潔問題外，如果樓梯間貼滿小廣告，就表示門戶安全狀況不佳。

睜大眼睛避開嫌惡設施

內政部於二〇一五年十月修定「不動產說明書應記載及不得記載事項」，規定仲介應在「不動產說明書」上載明嫌惡設施，以保障購屋者的權益。而身為租屋者的我們，就要睜大眼睛保障自己！

1 安全考量

內政部規定載明的嫌惡設施中，有安全疑慮的包含加油站、瓦斯行等，最少需距離三百公尺以上。此外，煉油廠、瓦斯儲氣槽也是同樣道理，所以在選擇租屋時最好都可全部避開。

2 健康考量

變電所、高壓電塔、基地台附近的房子，有電磁波影響健康的疑慮，而機場、鐵路旁的房子則容易飽受噪音之苦，最好避開。除此之外，樓下即是市場、夜市、餐館的話，雖然方便，但也有可能因油煙問題不勝其擾，而且容易有蟑螂、老鼠出沒。

3 — 觀感考量

墓地、殯儀館、火化場、納骨塔、葬儀社等是一般人會避諱的嫌惡設施。另外，許多人也會將寺廟列入嫌惡設施，但有鑑於臺灣寺廟普及，許多小型宮廟常隱沒在公寓、華廈內，因常需燒香、舉辦法事，易有噪音、空污等問題，這部分可自行斟酌。

怎麼檢查建物是否安全

臺灣地震頻繁，許多較老舊的建物在經過多次產權易主、改裝後，很可能已影響到結構安全。以下是有關建物安全，幾個重要的檢查項目。

1 樑柱問題

要檢查樑柱結構是否有問題，最好的方法就是看鐵窗、窗戶、嵌入式衣櫥是否會卡住而無法打開。此外，如果一樓是商家，可和樓上格局比對，是否有樑柱遭到變動，一旦樑柱遭到變動，將對整棟樓房的結構安全產生重大影響。

2 傾斜問題

可利用原子筆或彈珠等會滾動的物品，放在地上，測試房子是否有傾斜的狀況。

3 — 海砂屋

如果是海砂屋，牆壁、天花板一經震動就會有水泥剝落，鋼筋裸露的狀況。想確認房屋是否為海砂屋，可至各地縣市政府的建管單位網站查詢。

4 — 輻射屋

輻射屋較難從外觀檢查，尤其是一九八二年至一九八四年間興建的房子是高危險群。由於輻射污染會提高血癌、甲狀腺癌、淋巴腺癌、乳癌等罹患的機率，若擔心承租處不知是否為輻射屋，可至行政院原子委員會網站查詢。

5 — 地震損害

許多老舊公寓在經過多次震災後，牆面或樑柱多半會出現裂縫，至於什麼樣的裂縫還算可以住人，而什麼樣的情況已影響到結構安全，建議可至國家地震工程研究中心網站的ABC三級檢測法來判斷。

如何觀察消防安全

針對消防安全，老舊公寓常缺乏基本消防設施，大樓則需注意一般雲梯車僅能到達十幾樓，可搶救二十幾層樓的特殊規格雲梯車則數量稀少，僅能靠自動灑水設備和滅火器防制火災，所以承租此類物件時需特別留意以下重點：

1 是否具備基本消防設備

基本的消防設備包含滅火器、火警探測器、偵煙器、緊急照明燈等，需注意滅火器是否在容易取得的地方。由於老公寓多半沒有這類配置，建議自行購買，以保障個人居住安全。

2 觀察隔間材質

許多老公寓常用木板隔間，不僅隔音效果差，且易燃，如果遇到火災就會釀成巨大災害。

3 逃生動線是否暢通

無論是公寓或大樓，每個樓層都需有兩個逃生口，且兩個出口不能在同一側。逃生口需加裝緊急照明燈，用以指示逃生動線，並檢查每個窗戶是否可以打開。看屋時需注意該物件是否符合以上條件，尤其是經過改建的分租套房或雅房，逃生動線常被破壞或被阻擋，不符合以上條件，建議最好不要承租此類房子。

4 鐵窗

鐵窗的出口不可太小，鑰匙最好放在隨手可得的地方，例如掛在鐵窗附近的室內牆壁上，確保逃生時容易取得，並確認鐵窗是否生鏽，是否容易推開。

◎ 熱水器學問大

冬天因熱水器一氧化碳外洩而中毒的新聞時有所聞，顯見許多建物仍沒做到確實把關。依據《消防法》第十五條之一第四項規定：「熱水器應裝設於建築物外牆，或裝設於開口且戶外空氣流通之位置；無法符合者，應裝設熱水器排氣管將廢氣排至戶外。」所以承租物件的熱水器若不符合，可據此向房東要求。以下介紹熱水器基本類型及適用處所。

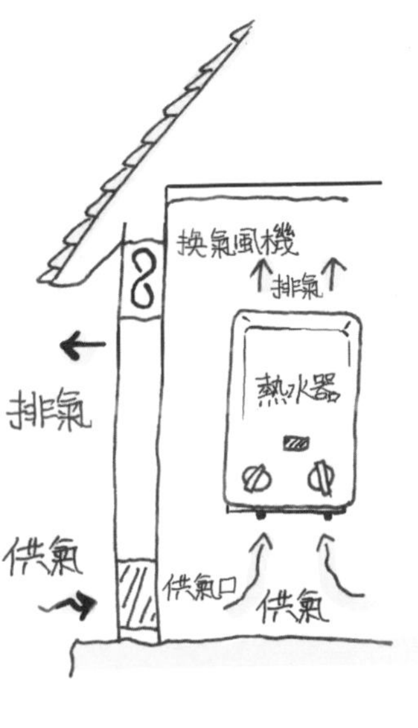

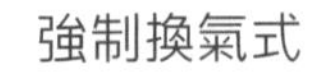
| 強制換氣式 |

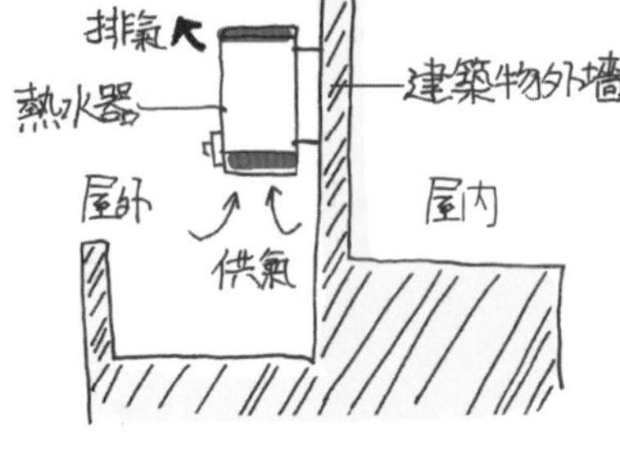

| RF式 |

1 RF式

此類熱水器一定要安裝於建築物外牆，或開放的陽台上，如果陽台加裝窗戶，或以塑膠布覆蓋，就算是室內，也不得安裝此型熱水器。

2 開放式

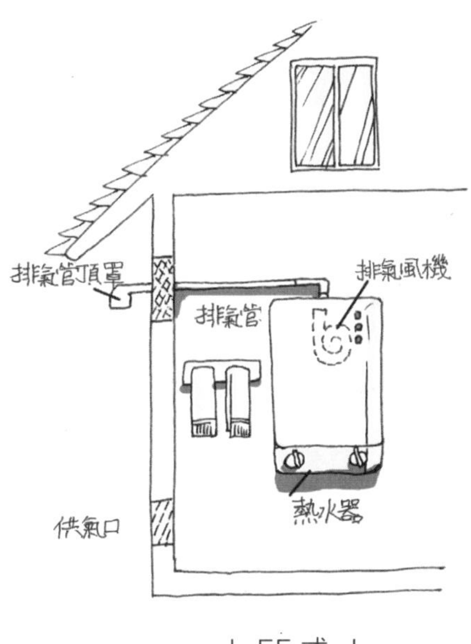

| FE式 |

| 自然開放式 |

較小型室內型熱水器，一般作為廚房中清洗碗盤使用。因其燃燒使用之空氣取自屋內開放空間、廢氣亦直接排放於屋內，需設置與屋外連通之供氣口，另外，屋內廢氣可採自然方式（溫度差產生浮力作為換氣之動力）或強制換氣方式（利用換氣風機）予以置換。採自然方式換氣者需設置直通屋外之換氣口；採強制換氣方式換氣者則需設置直通屋外之換氣風機。

3 FE式

室內型熱水器，一般公寓或是陽台有加蓋者建議採用。燃燒使用之空氣取自屋內，並將廢氣以排氣風機經排氣管強制排放至屋外，需裝設供氣口、排氣管及排氣風機等。

｜強制排氣｜

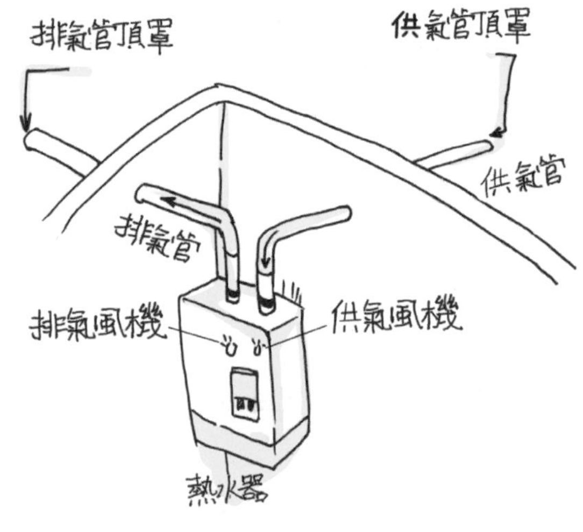

｜FF式｜

4—FF式

室內型熱水器，燃燒使用之空氣，以供氣風機等機械方式連接供氣管取自屋外，燃燒後廢氣經排氣管以排氣風機強制排放至屋外者，其供氣與排氣皆於屋外進行，與屋內之空氣隔絕。為確保該熱水器性能、空氣供給及廢氣排放，應注意不得使用非該熱水器附屬之零配件。

小叮嚀

依據消防法第十五條之一第一項規定：「使用燃氣之熱水器及配管之承裝業，應向直轄市、縣（市）政府申請營業登記後，始得營業。並至中華民國九十五年二月一日起使用燃氣熱水器之安裝，非經僱用領有合格證照者，不得為之。」所以無論是熱水器或瓦斯桶的安裝，都需找有合格證照的業者。

◎抓漏大隊

除了因年久失修，不當的裝潢、地震，都可能造成漏水。漏水的房子濕氣較重，容易影響身體健康，最好避免。

1 植物根部深入牆面的房子易漏水

由於植物的根部侵入性極強，如果發現承租物件的上方樓層種滿植物，甚至建築物的整面外牆都鋪滿植物，除非是經過防水層、阻根層等綠化處理，否則都易造成嚴重滲水。

2 頂樓房子易漏水

位於最高樓層，或頂樓加蓋的房子，都容易漏水。如果要承租這類房子，除了要觀察天花板是否有些微油漆剝落的痕跡，最好選擇在雨天再看一次房子。

3 陽台外推易滲水

陽台外推不僅違反《建築法》，少了火警時避難、爭取救援的緩衝空間，改建時也常將水管封住，造成漏水，久而久之就會影響建築結構安全。尤其是樓下的房子，漏水情況更嚴重，最好可以避免承租此類房子。

4—觀察屋外接縫處

屋內經過粉刷修飾，通常較難看出漏水痕跡，所以進屋前，不妨仔細觀察外牆和與鄰居銜接的牆面，以及樓梯間、天井等公共空間，是否有漏水的水痕。

5—觀察浴室、廚房牆縫

和浴室、廚房相接的牆縫是最容易發生漏水的地方，可觀察這兩個空間的共用牆，或牆上的油漆、地磚是否變色或有異樣。

小心電費淘空荷包

電費問題是租屋糾紛中最常見的爭議之一，尤其到夏季，雅房或分租套房的電費甚至可能高達房租的一半，以下先說明台電計算電費的方式，並列出幾種可能產生高電費的屋況。

1 — 電費計算方式

表燈非營業電費（105年4月1日起實施）
適用一般住家、機關、學校等營業性質的機構

非時間電價（累進電價）

	每月用電度數分段		夏月（6月1日-9月30日）	非夏月（夏月以外時間）
非營業用	120度以下部分	每度（單位：元）	1.63	1.63
	121-330度部分		2.38	2.10
	331-500度部分		3.52	2.89
	501-700度部分		4.61	3.79
	701-1000度部分		5.42	4.42
	1001度以上部分		6.13	4.83

台電計價方式採取「分段計費」，依照上表，如果七、八月份，兩個月共用電八百度，加上台電是兩個月抄表、收費一次，則當期應計的電費如下：

1.63 元

×

（120 度 ×2 個月）

+

2.38 元

×

〔（330 度 -120 度）×2 個月〕

+

3.52 元

×

〔800 度 -（330 度 ×2 個月）〕

=

1,884 元。

除了個人電費外，公寓、大樓等也都會有公共電費（如用在水塔的抽水馬達、樓梯間、走道等公共空間的用電），需由全體房客平均分攤。

2 分租套房與雅房的電費計算

如 PART1 內容所說明，獨立套房會有專屬的台電電表，雅房和分租套房則是透過房東私設的獨立電表來計算電費。後者因台電收費時，會是以所有房客的用電總度數計算，就可能出現高額的電費。

如果以夏季電費，每個人在七、八兩月平均用電三百度來計算，在該樓層有六間雅房或分租套房的情況下，則共用電一千八百度，電費計算如下：

1.63 元

×

（120 度 ×2 個月）

+

2.38 元

×

〔（330 度 -120 度）×2 個月〕

+

3.52 元

×

〔（500 度 -330 度）×2 個月〕

+

4.61 元

×

〔（700 度 -500 度）×2 個月〕

+

5.42 元

×

〔[1800 度 -（700 度 ×2 個月）〕

=

6599.6 元

但如果是獨立套房，個人同樣在七、八兩月用電三百度來計算，則電費計算如下：

1.63 元
×
（120 度 ×2 個月）
+
2.38 元
×
〔300 度 -（120 度 ×2 個月）〕
=
534 元

由上可知，雅房和分租套房因需以「總用電度數」計費，整體電費也會大幅提高，以上述個案來說，每人約需分擔將近一千一百元，幾乎是獨立套房的兩倍。所以，許多分租套房或雅房的物件，房東會在合約中載明一度電收費四到五元，乍看之下感覺很貴，但從上述計算方式可以看出是在合理範圍內。

3—西曬或頂樓

除了電表的差異，房子如果有西曬（或東曬）問題，或位於頂樓，在夏季時冷氣耗用的電費就可能更驚人了。西曬問題雖然和座向有關，但因套房或雅房和外界最重要的連結仍是對外窗，所以最好的方式是找一個太陽露臉的白天，在看屋時觀察太陽照射的角度。

4—住商型或工業住宅

住商型和工業宅因屬於營業用，所以在水、電費的收費標準也較高。

房東話術暗藏陷阱？

基本上，多數房東都是善良老百姓，也希望遇到愛惜房子的好房客。但為了避免遇到少數的惡房東，以下幾個房東常見話術，不得不防！

1—強力推銷

「這房子很多人等著租！」，這句話可說是房東常見話術的第一名。如果房東再加上幾句讚美的話，稱讚房客看來正派，就可能加速簽約速度。在前面PART1裡，之所以提醒大家最好不要帶鉅額款項出門看屋，就是為了避免一時衝動，在房東的鼓吹下就當場簽約，並交付押金與租金。遇到這類強力推銷，最好推託還要帶家人來看，爭取緩衝與思考的時間。

2—看A房租B房

許多房東會強調自己在該棟有多個「一模一樣」的套房物件，在房客看了裝潢漂亮的「樣品屋」決定簽約後，才假借那間房子漏水，或已有人搶走等理由，推銷另一個房客近期內會搬走的物件給房客。等到房客付了定金，發現根本不是自己想要的那一間，此時要拿回定金就不會那麼容易了。

3 防殺價話術

許多房東會強調房子自己曾住過、未來要留給孩子的，所以十分愛惜房子，或是裝潢都非常高檔，但這其實都是為了防止房客殺價。如果查詢該區行情，或衡量屋內設備後，覺得還有殺價空間，適當的議價動作還是必要的。

4 慎選室友，保證安全

針對分租套房，或是雅房等，需與其他人共用公共空間的物件，房東多半會強調租客都是經過精挑細選，只租給女生，不是上班族就是老師等，強調環境很安全。事實上，站在房東的立場，除非該物件很搶手，否則房東只求快速出租，不見得會要求房客品質，所以還是得靠自己張大眼睛仔細觀察。

談判高手，賺到好房東

租房子最怕的，除了怕遇到惡房東，更怕看到自己喜歡的房子，卻因互動過程表現不得體，錯失好房子，或因殺價手法太過度，造成日後相處不愉快。依照以下提醒，除了讓你成為談判高手，更可讓你得到房東良好的第一印象。

1 注意穿著和禮貌

第一印象是很重要的，除了不要奇裝異服、濃妝豔抹，也不要穿著拖鞋就去看房子外，和房東約好時間後如果會遲到，務必提前跟房東聯絡，進入屋內看屋時，也要禮貌詢問是否需脫鞋，並注意不要干擾到其他住戶的安寧。

2 少說你，多說請、謝謝、對不起

見面時，可以先請教房東貴姓，並以姓氏稱呼，如王先生、王小姐，如果對方較年長，稱呼叔叔和阿姨不僅親切，也能快速拉近距離。在已知如何稱呼對方後，就盡量減少用「你」，改以「您」，會讓房東覺得較受尊重。

3 哀兵政策

誠懇的態度是最佳的議價方式，多數房東不只是想租個好價錢而已，也希望找到好房客，所以人品、誠意和從事工作的性質，是與房東議價的三大要素。尤其學生、軍公教人員和擁有正當職業的上班族，更是房東眼中身份單純，日後不會惹麻煩的好房客。所以不妨多敘述自己的工作性質，並說明自己會是好房客，但目前經濟能力有限，以誠意和禮貌，爭取降價空間。

4 — 知己知彼型

事前做足功課，瞭解該區租金行情，也是議價時的重要依據。如果再加上挑出屋況、環境的毛病，如房屋老舊、地點偏僻、設備不好、採光通風欠佳等，還可爭取更多降價空間。但前提是仍須具備禮貌，可用「您訂的價錢很合理，我也會考慮，但如果可以再減少一些，會馬上決定租下來」這樣較緩和的說法，以免弄巧成拙。

5 — 精打細算型

如果房東不願意降租金，也可試著爭取將管理費、水電費、網路費等費用內含在租金中，或是要求將部分設備更新，如更換具節能功能的冷氣，節省電費等。

6 自購設備爭取降價

如果部分家具或設備不符自己所需，或想更換新床墊、沙發、衣櫥等，不妨跟房東商量入住後會購入這些設備，日後退租時不會搬走，可留給下一個房客使用，以爭取租金的調降。

7 善盡善良管理人責任

由於房子的資產動輒數百萬，房東最在乎房客是否會幫他維護好房子。可向房東強調會善盡善良管理人責任，除了愛物惜物，也在屋況或設備出現問題時，盡到及時告知的責任，讓房東放心。

01

簽約前，如何確認房東身份

02

不簽書面契約可以嗎？何謂不定期租約？

03

訂定房屋設備點交表，雙方權益有保障

房東要我簽的生活公約合理嗎？

PART3

租賃契約二三事：

租賃雷達開了沒？

05 修繕責任如何歸屬？

06 未成年可以簽約嗎？

07 房東要求提供保證人合理嗎？

08 租賃契約有審閱期嗎？

09 房東要求不能報稅合理嗎？

簽約前，如何確認房東身份

由於房東可在定型化契約中，規定承租人不得將房屋之全部或一部分轉租、出借或以其他方式供他人使用，或將租賃權轉讓於他人。《民法》第四百四十三條亦規定，如果二房東將租賃物「全部」轉租，需經過大房東同意，否則是無效的，如果是部分轉租，則要看屋主與二房東的租屋契約，是否限制不得轉租，如有限制不得轉租，除非有取得屋主同意轉租的證明文件，確定已徵求屋主同意，或請二房東與屋主刪除該項約定，否則對房客不利。

因此，爲了避免遇到二房東，導致權益受損，在簽訂合約前，首要之務就是確認房東就是屋主。

1 — 房屋權狀＋稅單＋身份證

簽約時，可要求房東出示房屋權狀和身份證，以確保你所接洽的就是屋主本人。如果沒有權狀，可請房東提供最近一年的房屋稅單，確認稅單上的納稅義務人就是與你接洽的房東。

2 遇到二房東時

如果出租者不是屋主，而是所謂的二房東，這時務必請對方提供原始租賃合約，確認上面沒有「禁止轉租」等字樣，並注意原始契約的合約起迄時間，避免原租約到期而屋主不願意續約時，承租人就必須搬離。

不簽書面契約可以嗎？何謂不定期租約？

在大部分狀況中，房東與房客都會傾向簽定書面租約，以保障雙方權益。不立書面契約的情況，常發生在熟人或親友間。而許多長期租賃關係在第一紙租約期滿後，就不立書面契約，只要房東持續收取租金，就成立「不定期租約」。這兩種狀況的爭議與法律效力也不同。

1 約滿後房東繼續收錢，即成不定期租約

《民法》第四百五十一條規定：「租賃期限屆滿後，承租人仍為租賃物之使用收益，而出租人不即表示反對之意思者，視為以不定期限繼續契約。」又稱為「租賃契約之默示更新」。

在這種情況下，對承租人（房客）較有利，因其屬於未定期限的租約，所以適用《民法》第四百五十條內容：「租賃定有期限者，其租賃關係，於期限屆滿時消滅。未定期限者，各當事人

得隨時終止契約。但有利於承租人之習慣者，從其習慣。前項終止契約，應依習慣先期通知。但不動產之租金，以星期、半個月或一個月定其支付之期限者，出租人應以曆定星期、半個月或一個月之末日為契約終止期，並應至少於一星期、半個月或一個月前通知之。」

當房客要終止租約時，只要在一星期或半個月前通知，即可終止合約，請房東退回押金。若房東要終止租約時，如果租金是月繳，就必須至少提前一個月通知。

2 雙方首度租賃即無合約時，需負舉證責任

《民法》第四百二十二條：「不動產之租賃契約，其期限逾一年者，應以字據訂立之，未以字據訂立者，視為不定期限之租賃。」因此，租賃契約不會是一定要白紙黑字才算成立。

在實務上常因熟人，或承租當時雙方談得愉快，因而決定不立書面租約，但日後一旦有一方後悔，如房客因工作因素決定不租，或提前退租，或房東要將房子移作他用等，此時就容易產生糾紛。

依據《民事訴訟法》第兩百七十七條：「當事人主張有利於己之事實者，就其事實有舉證之責任。但法律別有規定，或依其情形顯失公平者，不在此限。」

如果房東與房客因租屋糾紛鬧上法庭時，雙方在主張自己有利的事情，需負舉證責任。也就是說，若房客反悔，要求房東返回所有押金，或房東反悔，要房客提前解約，都需提出具體證據來說服法院認同自己的訴求。但一般來說，如果所有約定都以口頭承諾，往往要耗費許多人力、物力、時間去做證據的收集。

若真的發生雙方無法協調的租屋糾紛時，建議先透過當地鄉鎮市區公所的調解委員會聲請調解。若仍無法達成協議，再進行小額訴訟。提起訴訟前，可依照本書附贈的「存證信函範例」，寄出存證信函。

訂定房屋設備點交表，雙方權益有保障

現代人租屋常藉由網路蒐集租屋資訊，但常會忽略廣告屋況及設備內容，很可能入住後才發現設備和看屋時不同，對房東來說，日後房客搬走時如何釐清設備的歸屬，也是一大麻煩。將屋內設備的列表，甚至結合照片存證，做爲租賃契約的附件，這是避免爭議的好方法。以下則是針對設備點交的幾種現行工具。

1 — 列印租屋平台廣告

有關租屋廣告的部分，不僅有關租屋現況描述，也會對屋內備妥的設備有所敘述，加上附有圖片，所以在看屋階段，除了可用來比對屋內設備外，也可做為簽約時房屋設備的附件。雖然許多房東常會在租屋廣告上註明「僅供參考」，但因在新版租賃定型化契約應記載及不得記載已規定，廣告中的圖片與資訊不得記載為僅供參考，因此只要保留下來，未來出現爭議時都可做為有力證據。

此外，分租套房或雅房的租屋廣告，常會以「限定女性」，來吸引女性房客，若入住後房東違反此項規定，也可依當初留下來的租屋廣告做為憑證。

2　房屋租賃標的現況確認書

在新版的租賃定型化契約中，即附有房屋租賃標的現況確認書（如下表格），建議貼上屋內設備、家具與家電的照片，並以一式兩份，讓房東與房客雙方留存。

房屋租賃標的現況確認書　　填表日期　　年　　月　　日

☐ 有 ☐ 無包括未登記之改建、增建、加建、違建部分：
☐ 壹樓 ___ 平方公尺 ☐ ___ 樓 ___ 平方公尺。
☐ 頂樓 ___ 平方公尺 ☐其他 ___ 平方公尺。

備註：若為違建（未依法申請增、加建之建物），出租人應確實加以說明，使承租人得以充分認知此範圍之建物隨時有被拆除之虞或其他危險。

建物型態：________________。
建物現況格局：___ 房（間、室）___ 廳 ___衛 ☐ 有 ☐ 無隔間。

備註：
1. 建物型態分成：
（一）一般建物：透天厝、別墅（單獨所有權無共有部分）。
（二）區分所有建物：公寓（五樓含以下無電梯）、透天厝、店面（店鋪）、辦公商業大樓、住宅或複合型大樓（十一層含以上有電梯）、華廈（十層含以下有電梯）、套房（一房、一廳、一衛）等。
（三）其他特殊建物：如工廠、廠辦、農舍、倉庫等型態。
2. 現況格局（例如：房間、廳、衛浴數，有無隔間）。

車位類別：
☐ 坡道平面 ☐ 升降平面 ☐ 坡道機械 ☐ 升降機械
☐ 塔式車位 ☐ 一樓平面 ☐ 其他 _______。
編號：___ 號 ☐ 有 ☐ 無獨立權狀。
☐ 有 ☐ 無檢附分管協議及圖說。

☐ 是 ☐ 否 ☐ 不知有消防設施，
若有，項目：(1) _______ (2) _______ (3) _______。
供水及排水☐是 ☐否正常。
☐ 是 ☐ 否有公寓大廈規約；若有，☐ 有 ☐ 無檢附規約。

附屬設備項目如下：

☐ 電視___台 ☐ 電視櫃___件 ☐ 沙發___組 ☐ 茶几___件
☐ 餐桌___張 ☐ 餐桌椅___張
☐ 鞋櫃___件 ☐ 窗簾___組 ☐ 燈飾___件 ☐ 冰箱___台
☐ 書櫃___件 ☐ 洗衣機___台
☐ 床組（頭）___件 ☐ 衣櫃___組 ☐ 梳妝台___件
☐ 書桌椅___張 ☐ 排油煙機___台
☐ 置物櫃___件 ☐ 電話___具 ☐ 微波爐___台 ☐ 洗碗機___台
☐ 冷氣___台
☐ 流理台___件 ☐ 瓦斯爐___台 ☐ 熱水器___台
☐ 天然瓦斯 ☐ 保全設施___組
☐ 其他___________________。

出租人：___________________（簽章）

承租人：___________________（簽章）

不動產經紀人：___________________（簽章）

簽章日期：_____年_____月_____日

3 製作詳細版設備清單

如果屋內設備老舊，為了確保雙方權益，可自行製作更詳細的設備清單（如以下表格），並記得註明簽收時該設備的瑕疵，例如：牆壁龜裂、桌腳有脫漆、沙發有割痕等等，雖然不影響實際使用，但為避免日後責任歸屬的疑慮，最好拍照存證。

設備清單

設備名稱 / 品牌	冰箱 / 國際牌	書桌
數量	一台	一張
簽收前使用狀況	八年舊品，堪用	2 年，桌腳油漆剝落（或附照片）
修繕責任	房東	房東
修繕費用分攤	無，壞掉就淘汰	若要更新，由房東與房客平均分攤，日後留下
備註		

出租人簽收：____________________

承租人簽收：____________________

簽章日期：_____年_____月_____日

房東要我簽的生活公約合理嗎？

分租套房或雅房的物件，由於共享的公共空間較多，如客廳、浴室或洗衣機等設備，房東常會另立生活公約。以下是常見的生活公約內容及相關的法律問題。

1 常見的生活公約

生活公約基本上是為了約束彼此對公共空間的維護，如客廳、浴室、廚房的整潔、不得打牌或大聲喧嘩等，以維護居住品質的安寧，有時也會有不得飼養寵物、限定女性、不能帶異性過夜等規定，並於條文中，加上罰責，例如當房客違反時，需繳交五百到一千元的罰款。

2 生活公約具法律效力

《民法》第一百五十三條第一項：「當事人互相表示意思一致者，無論其為明示或默示，契約即為成立。」

《民法》第兩百五十條第一項：「當事人得約定債務人於債務不履行時，應支付違約金。」

依據私法自治與契約自由原則，在私法關係中，個人之取得權利、負擔義務，純由個人之自由意思，國家不得干涉，從而基此自由意思，締結任何契約，不論其內容如何，方式如何，都有法律上的效力。因此，只要內容有履行的可能，且不違反法律的強行規定、公共秩序或善良風俗，經雙方當事人同意後，均有法律效力。

因此，只要房客簽名，即表示同意遵守這些生活公約，當有違反情事，就需依約定繳交罰款。所以在簽約前，務必要仔細思考自己能否遵守這些規定，對於難以達到的地方，提出來與房東溝通修改，否則建議另尋其他物件，以免日後發生糾紛。

3｜事後補簽的生活公約，可以拒絕嗎？

如果在簽訂租約後，房東才要求補簽生活公約，房客其實是可以拒絕的，當房客拒絕後，房東是沒有權利依此條件要求房客解約。

但如果房客接受，就算沒有簽名，只有口頭承諾等，只要房東能夠出示人證或錄音、簡訊等的方式證明，房客就必須遵守。

而在法律性質上，事後補簽的生活公約屬於「新契約條款」，如得到房客同意，當然有拘束的效力，當房客違反時，房東可依此要求房客接受懲罰規則，例如繳交罰款等，所以在答應前，一定要審慎思考自己是否能遵守。

1.保持環境乾淨整齊，定時清理
2.禁止帶異性回房或過夜
3.請勿私自飼養寵物
4.節約用電，養成隨手關燈的好習慣
5.晚上十一點過後，請注意音量大小.

修繕責任如何歸屬？

《民法》第四百二十三條：「出租人應以合於所約定使用收益之租賃物，交付承租人，並應於租賃關係存續中，保持其合於約定使用、收益之狀態。」

《民法》第四百二十九條：「租賃物之修繕，除契約另有訂定或另有習慣外，由出租人負擔。出租人為保存租賃物所為之必要行為，承租人不得拒絕。」

常有房東基於「使用者付費」，主張屋內設備或家具、家電壞了，要由房客自行付費修繕。事實上，當租賃契約中，無特別規定「由房客負修繕責任」時，依據《民法》規定，出租人（房東）有修繕的義務。

1 房東堅持不負責修繕該怎麼辦？

依據《民法》第四百三十條：「租賃關係存續中，租賃物如有修繕之必要，應由出租人負擔者，承租人得定相當期限，催告出租人修繕，如出租人於其期限內不為修繕者，承租人得終止契約或自行修繕而請求出租人償還其費用或於租金中扣除之。」

當房客發現租屋處出現損壞時，必須先通知房東（可以電話、簡訊或電子郵件的方式），如果房東怠於修繕，而房客仍想繼續承租，可限期請房東修繕，如房東於期限內仍然沒有修繕的動作，房客則可以自行雇工修繕，費用直接從下個月租金內扣除。

如果房客不想繼續承租，像是損壞情況已影響居住的情況下，就可依據《民法》規定，寄出存證信函表明租屋未修繕的情況，終止雙方租賃關係，並與房東協調搬遷和返還押金等事宜。

2 雇工修繕時，最好貨比三家

無論房東對修繕責任的態度如何，為了避免日後爭議，或破壞雙方關係，房客在雇工修繕前，最好貨比三家，取得較公正合理的價錢，並留下估價單，以便與房東溝通。

3 修繕前需拍照存證

為了避免房東事後不認帳，在修繕前要先拍下設備損壞、或房屋漏水的狀況，以免有糾紛時人證、物證都不存在，造成舉證困難。

4 若修繕狀況不佳，可視為未盡修繕責任

若房東已盡修繕責任，但房屋或設備仍狀況百出，房客仍可視為房東未盡修繕責任，主張終止租賃契約。

5 可用拒繳房租來要求房東修繕嗎？

許多房客會以拒繳房租做為要求房東修繕的手段，但這樣不僅會衍生更多麻煩，甚至會因房租欠租造成違約。

6 房屋或設備損壞時，房客有責任反映給房東

若房客發現房屋有損壞狀況，沒有主動告知房東，而使事態嚴重，導致房東需花大筆金錢去做維修時，房東反而可以主張房客未盡善良管理人責任，要求房客負責。

7 何謂使用者付費

使用者付費，指的是水、電、瓦斯等費用，但如果是燈泡、冷氣的冷媒、冰箱的壓縮機等，由於是內含在設備內，如有損壞，理當由房東負責修繕，但也有許多房東會將這些歸類為消耗品，建議在簽訂租約前就討論清楚，並在租約中載明，以免日後發生爭議。

未成年可以簽約嗎？

未滿二十歲的人，除非經過「法定代理人」（亦即父母或監護人）的具名同意，否則所簽的合約是無法律效力的。但仍有一些例外狀況，以下分別針對房東與房客，提醒未成年簽約的相關法律問題。

1 基於日常生活所必需者，可不用法定代理人

由於《民法》第七十七條規定：「限制行為能力人為意思表示及受意思表示，應得法定代理人之允許。但純獲法律上利益，或依其年齡及身份、日常生活所必需者，不在此限。」

當家居住高雄的未成年者，為了在臺北就學、工作而租屋，可以不需請法定代理人具名，就與房東簽約。

2 房東最好知會父母，保障自身權益

由於「日常生活必需」的概念籠統，究竟家住板橋、新莊，需在臺北市就讀，是否在其範圍內也頗具爭議。若承租人在父母不知情的狀況下承租，日後父母不支持，要求退租，房東很可能求助無門，無法主張太多權益。

3 法定代理人可授權委託他人

常見的狀況是，由於父母住得較遠，無法親自到現場具名簽約，可授權委託其他人代理，授權委託書上最好留下雙方的聯絡方式，房東也最好和父母通上電話，瞭解房客狀況。

房東要求提供保證人合理嗎？

少數房東會要求房客提供「保證人」或「連帶保證人」。但事實上，這在租賃契約中並非必要，房客是可以拒絕的。而兩者的區別是，當房客有違約狀況，且無法繳交租金或罰款時，房東可同時向房客和連帶「保證人」催繳，而「保證人」則屬於第二順位的債務人。

1 房客無法履約時，保證人是第二順位償債者

依《民法》第七百三十九條：「稱保證者，謂當事人約定，一方於他方之債務人不履行債務時，由其代負履行責任之契約。」

當房客有違約狀況，且無法償還債務時，保證人就成為第二順位的債務人，也就是房東無法找到房客或房客無法償還債務時，才可向保證人催繳。

2 連帶保證人，責任更大

如果是連帶保證人，房東則可「同時」向房客和連帶保證人求償，不須先確認房客是否有能力支付。

租賃契約有審閱期嗎？

審閱期的用意，在於讓房客在簽約前，針對租約內容有思考的時間。在實務上，房東通常會要求房客先支付一定金額的定金，以確保將房子留給房客。而租金和押金，則在正式簽訂合約後支付。

1 — 新版定型化契約，規定審閱期至少三天

《消保法》第十一條第二項規定：「中央主管機關得選擇特定行業，公告定型化契約之審閱期間」故主管機關對於租屋行業的審閱期為至少三日。因此，即使簽訂的租約版本中沒有註明，房客一樣可以享有至少三天的審閱期間，確定契約有無問題或需調整的地方。

一〇六年通行之租賃定型化契約，在合約的開頭，就以「本契約於中華民國＿年＿月＿日

經承租人攜回審閱——日（契約審閱期間至少三日）」，規定契約審閱權，另外，在雙方同意下，審閱期還可更長。

2 — 審閱期後反悔，可以要求返回定金嗎？

除非是房東因素導致無法承租，房客才可要求返回定金。否則在支付定金後，房客只能針對合約內容與房東協商，或放棄定金，不履行合約。

房東要求不能報稅合理嗎？

《所得稅法》第二條第一項（綜合所得稅課徵範圍）：「凡有中華民國來源所得之個人，應就其中華民國來源之所得，依本法規定，課徵綜合所得稅。」

《民法》第四百二十七條（租賃物稅捐之負擔）：「就租賃物應納之一切稅捐，由出租人負擔。」

1 房東應負擔租賃物的稅捐

在租屋市場中，有許多房東會要求房客不得申報租賃支出，是因為房客在申報租屋支出時，房東將增加以下兩項稅務支出：

（1）地價稅與房屋稅：當房東申報租賃所得後，其建物的地價稅會由自用稅務的千分之二，調整為千分之十，房屋稅也會有所變動。

（2）綜合所得稅：房東因所得增加，其綜合所得稅也會增加，在作申報時也可能會有級距上的變動。

2 房客應可依法申報租賃支出

依法納稅是憲法上所規定國民應盡的義務，《民法》和《所得稅法》也都言明房東應負擔租賃物的稅捐，所以即使在合約中約定房客不得申報租賃支出，也會因違反法律而無效。

搬家快易通

添購物品清單

一個人居住的安全常識

如何當個人見人愛的好房客

好好說再見：租約期滿了要做什麼

租屋好康（租金補貼）

搬家快易通

過去常因搬家公司搬到一半時任意加價，惡意敲詐，導致一般民眾存有「搬家流氓」的負面印象，造成從業人員缺乏基本尊嚴的惡性循環。爲此，崔媽媽基金會自一九九六年十二月開始推出搬家公司的評鑑制度，除了嚴格的初審，還以問卷的方式讓消費者爲這些搬家公司進行動態評鑑，確保平台內的搬家公司都是優良公司，也很欣慰於十多年來，搬家公司的專業形象與多元服務，已逐漸得到消費者的信賴。

以下就介紹一般搬家公司計費方式、搬家流程與交涉的注意事項。由於每個人的搬家需求不同，也將提供近幾年流行的微型搬家服務，供大家選擇。

1 估價方式

① APP 線上估價：

可透過線上軟體，如崔媽媽基金會開發的《搬家

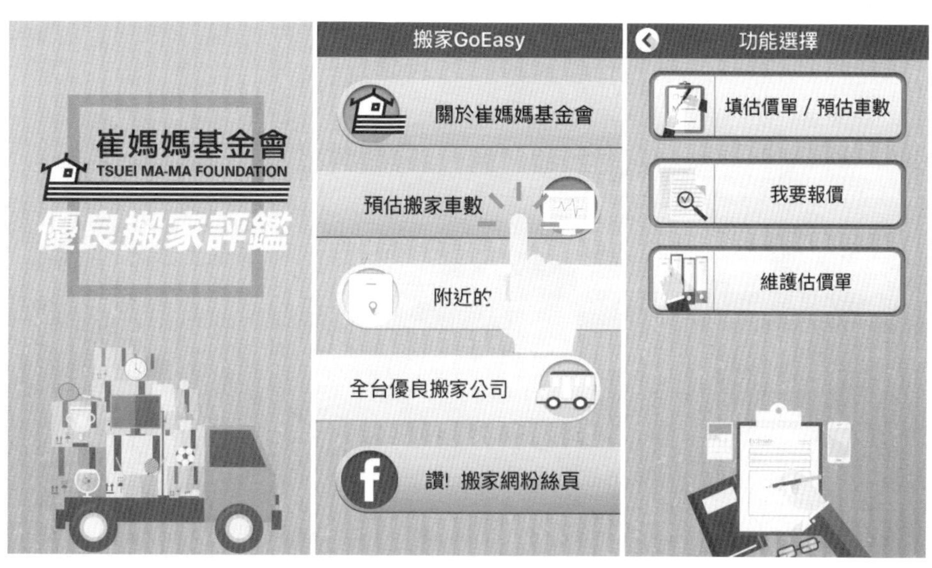

GoEasy》，藉以預估搬家費用。《搬家 GoEasy》是崔媽媽基金會與推薦的優良搬家公司，共同研發全國唯一的APP線上表單估價系統，主要是協助有搬家需求的消費者，一指搞定搬家最重要的估價工作。

在主選單點選了「預估搬家車數」，點選「填估價單/預估車數」，詳細填寫你的聯絡資料、遷出遷入的地址後，開始選擇所需要搬運的家具及物品，填寫完畢後按下「預估車數」後，系統會自行計算你搬運的物品所需要的車數。

比起一般電話到府估價，此軟體還可以透過電子郵件、通訊軟體等，將物品拍照後傳給搬家公司，讓估價可以更精準、減少可能產生的誤會。而且同時還可以一次將估價單傳送給三間搬家公司，讓需要即時得到資訊的使用者，可以節省重複跟不同搬家公司說明物品跟需求的時間。

❷電話估價：

此估價方式適合傢俱不多的青年族群或單身小資族，只要電話中清楚說明搬運物品、搬運地形等情形給搬家公司，即可立即完成。

❸到府估價：

大多為免費服務，建議家中房間數或家庭成員較多者可使用此方式，請專業估價人員到府說明並完成估價。

2 溝通內容

為了避免事後爭議，無論使用何種估價方式與估價人員交涉時，必須清楚告知以下事項：

❶搬運物品：

（1）搬運物品的數量及尺寸

（2）貴重物品或特殊的大型家具，及大約的重量和體積

（3）超重物品數量（超重物品是指超出一百公斤之物品）

（4）特殊時間搬運

（5）是否須清運垃圾

（6）是否需要協助物品拆卸、打包或紙箱提供

（7）窗型冷氣拆卸及上架

小叮嚀

窗型冷氣的上架不包括管線安裝及封口，且因房屋的特殊構造（如冷氣安裝在挑高的牆面上或特別的情況），以致於冷氣拆卸及上架的危險性提高，多會另外計價。

② 居家地形：

（1）現址樓層數及新址樓層數

（2）有無電梯、電梯是否能容納大型家具

（3）是否需換乘二次電梯及走台階

（4）新居樓梯的寬度

（5）是否有中庭，距離約幾步路

（6）是否有特殊地形（階梯、坡地、斜坡）

（7）搬運路程是否跨縣市

③ 車型溝通：

因為巷道大小、地下停車場入口高度的問題，所以搬家公司派車的大小也得事先說明，避免因停車問題而浪費時間。

④搬運人手：

若搬運的傢俱較多，請主動要求業者加派搬運人手，以免因人力不足而導致搬運過程過於冗長，延誤時間，且為了避免糾紛，應於契約中註明搬運之車數及人數。

⑤損壞理賠：

物品如有損壞的理賠原則是什麼？是否有理賠上限？這些問題都應在詢價簽約前就問清楚，事後才不會因為價錢有所出入而爭吵。

平斗車

開放廂型車

廂型車

3 打包原則

① 打包方式：

需是一人可以搬動的重量，紙箱也不宜過大，免得不利搬運，東西放入紙箱時，記得較重的物品放下方，輕的置於上方。

易碎物品（如碗盤、燈泡）宜用報紙或泡棉包覆，避免碰撞，並在紙箱外註明「易碎物」；重物則需在紙箱外註明「重物，底座朝下」，且紙箱底部要確實封牢，最好使用黏性較黏的透明膠帶。冰箱應事先除霜、清空後才方便搬運。刀子的刀鋒需用厚紙板包覆，並用膠帶黏住固定。

如果在搬家時適逢下雨的季節，如果不是預約廂型車，最好在紙箱外自行蓋上一層防雨布。

② 定位與拆卸：

大型家具最好請搬家公司的人員協助定位，如果搬運的物品較多，或搬運物品需分別放置在臥房、客廳等不同空間，不妨以簡易的位置圖溝通，以免事後還要花時間與力氣重新擺設。

4 — 計費方式

① **「以車計價」：**（出車數）×（單價／車）

搬家公司在評估服務人員數、樓層、搬運距離、步行距離、特殊地形、超重物品等事項之後，就會告知一輛車單價多少。然後在搬家當日，以出多少車數乘以原本告知一輛車單價費用。

例：搬家公司到陳先生家估價，以3.49噸、平斗車型之貨車，一輛一趟五千元搬運簽約。搬家當日，搬家公司以三輛車完成搬運。所以陳先生需付搬家公司五千元乘以三車的費用。

② **「包價制」計費方式：完成所有搬運的費用。**

當您要求搬家公司以「包價制」方式估價時，應問明所需時間、派出多少車輛和多少服務人員，而且在搬運契約書中要載明所有需要搬運的物品。

5 服務類型

① 中小型搬家：

一般搬家公司的估價方式，除了從搬運物品評估需以1.75噸、3.49噸，或甚至更大的車輛運送，還需估算服務人員數、搬運距離、兩地所在的樓層、是否有電梯等因素。以一般五到十坪的套房或雅房為例，如果需要搬運的大型家具不多，距離並非跨縣市，兩地樓層均有電梯來計算，搬家費用大約會落在三千至五千元。

② 自助搬家：

如果只需搬運部分個人衣物或書籍，沒有大型家具，目前有許多搬家公司也提供適合青年族群、單身小資族的自助搬家服務，搬運都得自己來，業者僅用貨車運載，提供舊家一樓搬到新家一樓的服務。也就是說，搬家公司只提供司機、車子，同區域搬運每車費用一千五百到兩千五百元上下。

6 常見爭議

① 步行距離需要額外付費嗎？

因為現在住宅型態有分為透天厝、公寓大廈等，大多數的民宅出入口未必會剛好設在電梯或是大門口，有些通常會有較長的步行距離，步行距離原來就是在搬家過程中需要額外付費的項目，最好估價前跟搬家公司詢問清楚。一般收費標準為：只要步行距離超過二十公尺以上就需要額外負擔費用。

② 車子根本沒載滿

無論選擇的噸數、車型為何，裝載物品的最低標準的長、寬都應與車身同，高度則以「車頭等高」為標準（部分業者箱型車的裝載高度，會以車廂車頂為標準，約較車頭高出四、五十公分），加上有些家具尺寸過大，常造成裝運的空隙，讓雙方認知出現差異。但一般說來，若估價時在兩車以內，則實際搬運時誤差在半車以內，都屬正常範圍，若真遇到惡意加價或不合理的情形，可循相關申訴管道請求協助。

③東西損壞可以請求理賠嗎？

在交通部定型化契約中，消費者對於搬運過程中造成的損害，應於搬運完成後三日內告知業者，若搬運物品毀損滅失不易發現者，應於搬運完成後十日內告知業者。但最好還是在簽約前，就問清楚物品損壞的賠償原則，以及是否有理賠上限的問題。

小叮嚀

崔媽媽基金會「授證優良搬家」：

可至崔媽媽基金會官網，點選崔媽媽授證優良搬家，或尋找「優良搬家網」（榮獲行政院消費者保護委員會認定為消費者保護團體），嚴選北中南各地區的優良搬家公司，以問卷方式由消費者進行動態評鑑，確保搬家公司的服務品質。

除了詳列公司基本資料、服務車型，也有常見糾紛、理賠原則可參考，讓消費者在搬家前停看聽，更提供弱勢扶助，與消保申訴，需申訴者也可透過服務專線：(02)23658140，聯絡崔媽媽基金會。

添購物品清單

即便是號稱「一卡皮箱就可入住」的套房，第一次租屋要準備的日常生活用品也不少，以下是一般用品的介紹，可視預算增減，挑選品牌。

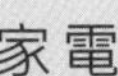

家電

吹風機、電風扇

▼即使有冷氣機，同時搭配電風扇，也會更節能

電鍋、快煮鍋

▼部分雅房、套房會限定不得開伙，需事先跟房東確認

電熨斗、掛燙機

布料

床包組、棉被、枕頭

▼此為貼身物品，最好自己採買，床墊可視情況決定是否購買

窗簾布

▼部分房東只提供窗簾軌道，需自行購置窗簾布，少數則連軌道都沒有，如果不想花錢請師傅裝設者，可購置伸縮式拉桿代替

收納

書櫃

▼若坪數太小，可使用桌上型書架，或善用床架下、衣櫥上方等空間

清潔

肥皂、沐浴乳
洗髮精、潤髮精
洗衣粉、抹布、掃把
廚、衛清潔劑

急救箱

止痛藥、消炎藥
OK繃
碘酒、消毒藥水

▼非緊急狀況，請依醫師指示用藥，並忌濫用藥品

一個人居住的安全常識

自行租屋生活，雖然好處很多，日常生活自由度高，也可訓練獨立自主的能力，但對門戶安全和防災的意識也要提高，才能在獨自遇到災難時冷靜應變。

1—女性獨自租屋的安全小撇步

女性獨居時，為了不讓宵小和歹徒知道有機可趁，可故意晾一些男性衣物或擺放男鞋，表示不只一個人居住。

2—注意門戶安全

由於出租物件多半有好幾任房客，所以如果可以，入住後最好先更換門鎖。若是雅房或分租套房，無法自行更換大鎖，可在自己房門加裝簡易型的鎖，加強安全。窗戶也是常被忽略的地方，無論人是否在屋內，都需確保窗戶洞開時，不會被宵小潛入。較低的樓層若無鐵窗，可要求房東加裝，但部分大樓會限制鐵窗裝設，所以，最好還是養成出門前將窗戶上鎖的習慣。

沒有保全的公寓或華廈，需注意一樓大門是否常保持關閉，或張貼紙條加強宣導。頂樓加蓋的空間出入份子複雜，最好保持門戶緊閉，並加裝鐵窗。

3 棟距太近時，需加裝警報器

許多集合式大樓的棟距相對較近，甚至打開窗就可以跟鄰居四目相對。當棟距較近時，建議在窗戶加裝警報器，只要有人企圖從外打開窗，就會引發警報。平時這扇窗也最好保持緊閉。

4 進門時，提前準備好鑰匙

夜歸時，最好全程對周遭環境保持警戒，除了不要分神講手機外，也最好提前將鑰匙拿在手上，不要在門前花太多時間找鑰匙，免得讓歹徒有機可趁。

5 選購自動斷電的延長線

延長線超載導致電線走火，常是發生火災的原因。除了選購可自動斷電、單一插座可獨立開關的延長線，也要養成正確的使用習慣，在一條延長線上不要同時使用太多電器。

6 以下提供在外租屋的安全評核表，方便檢視居家安全

是	否	檢查內容
●	●	建築物具有共同門禁管制出入口且有鎖具
●	●	建築物內或週邊停車場所設有照明者
●	●	滅火器功能是否正常
●	●	熱水器裝設是否符合安全要求
●	●	有火警警報器或獨立型偵煙霧偵測器
●	●	逃生通道是否暢通，標示是否清楚
●	●	是否知道逃生通道及逃生要領

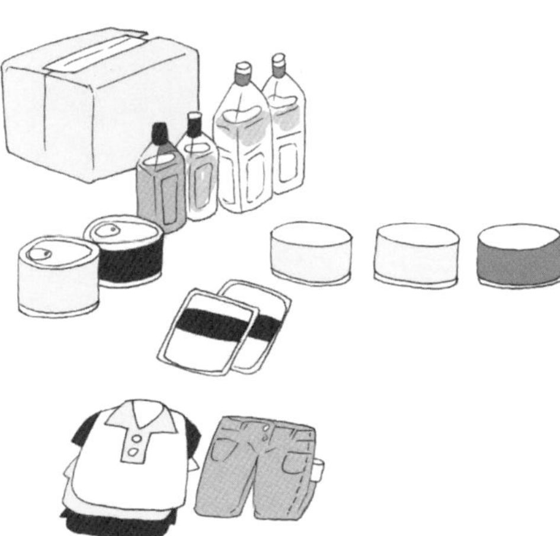

如何當個人見人愛的好房客

與其說要當個人見人愛的房客，不如說是己所不欲，勿施於人，避免自己成爲惡房客，或討人厭的鄰居。以下是和房東、鄰居相處時的地雷行爲，應盡量避免。

1 飼養寵物宜注意清潔、加強隔音

許多房東會規定「禁止飼養寵物」，即因寵物（如小狗等）造成的噪音難以避免，加上衛生處理不當易有異味。如果房東沒禁止飼養寵物，也請注意寵物的清潔問題，且為了防止寵物影響鄰居安寧，宜加裝地毯或塑膠地板，並在門縫加裝隔音條。出外遛狗時，也應隨手清潔愛犬的排泄物。

2 深夜宜降低聲響

除了不在深夜大聲喧囂，注意電視音響音量外，也要注意移動家具的聲音，或加裝桌腳套、椅腳套，以免影響樓下鄰居的安寧。並最好在搬家前，張貼小紙條告知鄰居搬家日期，請鄰居多加包涵。

3 勿私自裝潢或破壞牆面

有裝潢需求應先徵詢房東同意，並在原始租約中加註裝潢細節，載明日後將以「現狀返還」，免得日後有所爭議，否則房東可在返還房屋時，要求賠償損害。另外，室內需加裝書架、掛勾時，盡量以黏貼的方式，避免釘釘子破壞牆面結構。

若需固定大型衣櫃、書櫃需要釘釘子，最好徵詢房東意見，否則盡量改以布衣櫥、低矮的書櫃，以免倒塌時造成傷害。

4 定時清理，不堆積

對於忙碌的上班族來說，倒垃圾是個大問題，如果承租電梯華廈或新大樓，其優點是大樓內多半設有垃圾處理室，可以免除追垃圾車的困擾，但也要遵守社區的清潔規定，以免造成他人的困擾。如果承租的是沒有垃圾處理室的老公寓，那也需要先問清楚垃圾車出現的時間，定期清理以保持環境整潔。

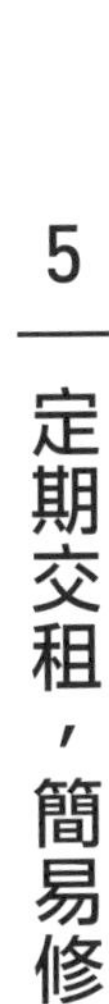

5 定期交租，簡易修繕

除了以固定帳戶轉帳房租，還可以加上簡訊提醒，方便房東知道自己有定期繳交房租。平時若出現家具或設備損壞的情形，無論情節大小，最好都在第一時間告知房東，才算是盡到善良管理人責任。若只是簡易修繕，也最好告知房東，盡可能自行處理，不僅節省房東往返時間，也能避免退租時產生糾紛。

好好說再見：租約期滿了要做什麼

租約期滿時，房東與房客彼此都有義務告知對方，尤其是決定不續租時，最好提前一個月告知。而房客在返還房屋時，還需同時完成以下事項。

1 結清水電天然氣費用

身為房客，當租約期滿，決定搬家時，需在最後一天到各地區自來水公司、臺灣電力公司與天然氣所屬機構，結清所有費用。如果不便在最後一天跑完這些單位，可與房東協商扣留一部份押金，做為後續費用的扣抵，房東應在扣抵這些費用後，將剩餘的押金返還房客。扣留的金額比例應依據兩期的帳單之平均金額，酌留之。

需特別提醒的是，由於房東有權在確認水電費，及屋況完整後，再退回押金。因此，當有轉換住處的打算時，最好多預留兩個月房租，以做為新住處的押金。

2 原狀返還房屋

所謂「原狀返還」，除了房東原有設備與家具都需歸還，其餘物品都應清空，否則房東有權利從押金中扣抵廢棄物處理的金額。

而所謂「原狀返還」，就是除了包含在自然使用下的耗損與折舊，例如牆壁和設備輕微髒污，屬於正常使用範圍，但若有打孔（冷氣裝機）、釘牆，或塗鴉牆面等痕跡，房客需負責修補。

因此若有裝潢事宜，就應在裝潢前取得房東同意，並在租約中將原狀返還改成「現狀返還」，以免日後口說無憑，出現爭議。若雙方對房屋返還出現爭執時，可至各地區（鄉鎮市區公所）調解委員會申請調解。

3 記得一定要點交

為了確保雙方權益，租約期滿時一定要約定當面點交，點交內容包含屋況、設備等。在新版的定型化契約中規定，若已催告對方出面點交，對方卻未在所定的期限內現身，就可自動視同點交完成。

租屋好康（租金補貼）

經過無殼蝸牛運動常年推動下，政府除了自一九九九年通過修正《所得稅法》第十七條，將租屋支出比照購屋貸款利息扣抵所得稅，其後也催生出許多租金補貼的方案，如爲一般人熟知的營建署「青年安心成家方案」。

除此之外，各縣市政府也針對青年、弱勢族群或提供公營住宅，或租金補貼與協助，由於各地的辦法與每年補助金額不一，公營住宅可洽各縣市政府的都市發展局，租屋補貼和協助則可洽詢各縣市社會局。

1 租金扣抵所得稅

依《所得稅法》第十七條規定，申報個人所得稅時，每人每年可以有最高十二萬元的租金扣除額。如果是夫妻一起申報，或有扶養直系親屬，也可將另一半或直系親屬的租金納入自己的列舉扣除額中。但要注意的是，以上承租物需做為自住用途，而非供營業或執行業務使用。而且，一旦申報購屋借款利息，就不能再以租金扣抵所得稅。

舉例來說，如果小華每月房租支出是一萬一千元，雖然全年租金支出共十三萬兩千元，小華仍只能列舉十二萬的租金扣除額。以下列出在租金扣抵所得稅的實務上，常出現的疑問：

① 要列舉扶養親屬的租金支出，有什麼限制？

申報者和扶養親屬需為同一申報戶，亦即在同一戶籍中，且需準備設籍證明文件。

② 列舉租金支出時，需準備哪些資料？

（1）租賃契約影本：需有房東與房客的姓名、身份證字號、戶籍地址與租金金額。

（2）房租付款證明影本：需附足以證明匯入房東帳戶的存簿影本，或匯款單存根的正本或影本，如果是現金交付，就需有房東或房東配偶簽收的收據。

（3）房客供自住的證明文件：租屋者必須是納稅人本人、配偶或受扶養直系親屬，在課稅年度在該承租地址辦妥戶籍登記的證明。如果沒有設籍在租屋處，就需準備切結書，載明納稅人承租的房屋在課稅年度內是供自住且非供營業或執行業務使用。

③ 租賃契約一定要公證，才能報稅嗎？

不是。只要契約上有房東與房客的姓名、身份證字號、戶籍地址及租金金額，並有親筆簽名或簽章，即可證明房屋出租行為。

④ 房東在租賃契約上要求房客負擔租賃所得稅，是否合法？

由於報稅本是國民應盡義務，租金報稅也是房客應有的權利，房東不可在租約上以「不得報稅」來限制房客，且依一〇六年一月一日生效的房屋租賃定型化契約應記載及不得記載事項規範，也不得於契約當中另外約定出租之後而導致稅賦差額轉嫁由房客負擔。

⑤ 多人合租一間房屋時，其他未簽約的房客可以申報租金抵扣嗎？

由於多人合租房子時，多會由一個人代表簽約，若考慮到租金抵稅的問題，建議每個房客都與房東簽訂一份合約，並載明自己承租的空間與租金，以做為抵扣證明。

2　營建署租金補貼

為了協助無力購屋的家庭居住在合適的住宅，政府自一〇一年起訂定「自建自購住宅貸款利息及租金補貼辦法」（即「青年安心成家方案」），其中包含租金補貼。

由於各地區補貼金額不同，補貼期間為十二期，故需每年度提出申請，以下為相關條件與辦法。

（1）對象：年滿二十歲的中華民國國民，有配偶或與直系親屬設籍於同一戶，或年滿四十歲單身而非與直系親屬設籍於同一戶者，且家庭成員均無自有住宅，或是申請人之父母均已死亡，且其戶籍內有未滿二十歲或已滿二十歲仍在學、身心障礙或無謀生能力之兄弟姊妹需要照顧者，前提是申請人及其戶籍內兄弟姊妹均無自有住宅者。

（2）排除對象：九二一震災新社區，或政府興辦之出租住宅承租戶，不得申請此租金補貼。

（3）地點：需坐落於申請人戶籍地之直轄市或縣（市），因此若房東不提供房客設籍，即不能申請。

（4）評點機制：由於預算有限，此租金補貼採評點機制，評點基準依照家庭總所得按家庭成員人數平均分配、家庭狀況、家中身心障礙者重大傷病者狀況、申請人生育子女數、家庭成員人數、申請人年齡、是否曾接受政府住宅補貼，是否為三代同堂等，給予不同的評分。

（5）建物用途：建物所有權狀影本、建築物使用執照影本、測量成果圖影本或建築物登記資料，應符合下列情形之一，主要用途登記含有「住」、「住宅」、「農舍」、「套房」、「公寓」或「宿舍」字樣；或主要用途均為空白，依房屋稅單或稅捐單位證明文件得認定該建築物為住宅使用；非位於工業區或丁種建築用地之建築物，其主要用途登記為「商業用」、「辦公室」、「一般事務所」、「工商服務業」、「店鋪」或「零售業」，依房屋稅單或稅捐單位證明文件得認定該建築物為住宅使用；不符合前三項規定，提出合法房屋證明或經直轄市、縣（市）主管機關協助認定實施建築管理前已建造完成之建築物文件。

（6）不得為違法出租者。

（7）同一住宅僅核發一戶租金補貼。但經直轄市、縣（市）主管機關審認符合基本居住水準者，得酌予增加補貼戶數。

（8）租賃契約之承租人應為租金補貼申請人。

（9）租賃契約之承租人不得與出租人或租賃房屋所有權人具有直系親屬關係。

01 我的房東不是屋主，該怎麼辦？

02 違建可以出租嗎？

03 押金沒付清，房東可主張租約失效？

04 租金延遲，房東威脅要斷水斷電或換鎖合法嗎？

05 合約未滿，房東就要求漲房租怎麼辦？

PART5

租屋

常見糾紛

06 多找一個人來住，房東可要求加租金？

07 天災導致物品損壞，可以向房東索賠嗎？

08 房東可以任意進入租屋處嗎？

09 房東要賣屋，房客一定要搬嗎？

10 住得不愉快，可以提前解約嗎？

我的房東不是屋主，該怎麼辦？

《民法》第四百四十三條第一項：「除出租人有反對轉租之約定外，承租人得將其一部分轉租他人。故出租人未於契約中約定不得轉租，則承租人即得將房屋之一部分轉租他人。」

有轉租的行爲即是我們所謂之二房東，轉租中包含「全部轉租」和「部分轉租」兩種情形，《民法》禁止的是全部轉租，在房東未表態下，部分轉租是可允許的。

但無論是哪種狀況，若二房東在自己租約期滿前離開，都可能影響自己權益，以下是各種可能的情況與因應方法。

1 屋主與二房東約定不得轉租時，屋主可要求「次房客」搬離

只要屋主與二房東的原始租約中，載明「不得轉租」，即代表不得全部轉租，也不得部分轉租。

雖然，房客與二房東的租約雖然仍為有效契約，也只能用來向二房東求償，萬一屋主要求房客搬離，房客是無法拒絕的。

所以在簽訂租約前，一定要請房東出示所有權之證明資料，若確定對方是二房東，則應要求二房東提供與屋主的租賃契約，確定租約中沒有「不得轉租」的約定。

2 二房東消失或捲款潛逃，屋主是可收回房屋的

由於屋主的契約對象是二房東，次房客未在屋主租約中列名，與屋主無關，屋主當然可以請次房客遷離。

如果遇到這種狀況，建議積極和房東協調，待協商完成，雙方再簽訂新約。次房客與二房東簽定之租約，則可透過訴訟，向法院請求二房東返還已付的押金、租金和水電等費用及相關的損害賠償。

小叮嚀 

當得知分租套房或雅房的簽約者是二房東時，一定要要求看二房東與屋主的原始合約，確定是否有「不得轉租」的約定，並注意自己租約的日期，不能超過原始租約的日期，否則極易產生糾紛。

違建可以出租嗎？

對於年輕的無殼蝸牛來說，頂樓加蓋雖屬違章建築，且多半「冬冷夏熱」，出入份子複雜，易影響隱私與安全，但受限於租屋預算，常是不得不的選擇。尤其是黃金地段，需求者眾，甚至會出現五層樓變八層樓的誇張現象。以下就針對違建出租的合約效力與優缺點進行分析。

1 違章建築的租約為有效合約

在自己擁有全部產權之「私有土地」上搭建違章建築者，建造者雖因未能辦理建物所有權之保存登記，所以在法律上並無「建物所有權」之合法保障，但在司法實務上，仍認為建造者擁有該建物之事實上處分、管理之權能（例如可以買賣，也可以使用、收益）。因此，建造者或其受讓者（買受違章建築的人），對該違建自然有使用及出租之權利。

2 被拆除時，房客有權向房東請求賠償

《民法》第兩百二十六條：「因可歸責於債務人之事由，致給付不能者，債權人得請求賠償損害。前項情形，給付一部不能者，若其他部分之履行，於債權人無利益時，債權人得拒絕該部之給付，請求全部不履行之損害賠償。」

《民法》第四百二十三條：「出租人應以合於所約定使用收益之租賃物，交付承租人，並應於租賃關係存續中，保持其合於約定使用、收益之狀態。」

違建若因舉發，遭主管機關拆除，或經訴請法院拆除，在判決確定遭強制拆除時，房客因未能依約使用，依法可向房東要求損害賠償，例如提前終止租約之違約金、搬遷費用、已裝設的第四台與網路費用等等。

反之，在未有拆除公告前，房客不能以「擔心被拆除」為原由，主張終止租約，否則就算是房客違約。

3 房東隱匿拆遷事宜，則可能涉嫌詐欺

當房東收到拆遷公告時，就應立即告知房客，若因房東刻意隱匿，造成房客損失，房客不僅可向房東求償，房東甚至可能涉嫌詐欺。

小叮嚀

由於大樓、公寓的頂樓平台屬於全體住戶所有，頂樓違建不論新舊，只要其他住戶不同意讓原使用者繼續使用，即可依《民法》規定訴請排除侵害，要求拆違建，可見承租違建仍有其風險。此外，頂樓加蓋部份由於需與下方一個樓層的住戶共用水、電表，讓費用變高，加上噪音、消防、門戶安全等疑慮，居住時的困擾也不少。

押金沒付清，房東可主張租約失效？

在房東的強力推銷下，第一次租屋者可能會租下較自己能力可負擔程度之上的房屋。當房東答應押金與租金可日後補齊，但房客未能如期付清押金時，房東可以主張租約失效嗎？

1 押金主要做為擔保金

如 PART1 所說明，押金主要用來保護房東的房租收益，或是屋內資產的權益，如果房客遲繳或有毀損屋內資產的情況，則房東可依損害扣除押金。

2 押金未付，不構成契約失效理由

雖然在契約中，雙方都有約定「押金」，但押金約定並不是租約成立的「必要條件」。換言之，租屋合約的押金約定，不影響租賃契約的效力，房東當然不能事後以「押金未付」為理由，主張租約失效。

在《民法》中對租賃的定義是，雙方當事人約定一方以物租與他方使用、收益，他方支付租金之契約（《民法》第四百二十一條）。亦即，雙方只要當事人（出租人、承租人）、租賃的標的（房屋、租期、租金）等，達成意思表示合致（雙方都同意），契約就成立了。

但若租約中約定「未付押金則租約失效」，則房東就可據此要求房客搬離。

小叮嚀

由於押金非租賃契約的必要條件，屬於「要物契約」，因此交付房東押金時，留下房東簽收憑證為佳；押金對房東而言是基本的保障，房客若想折抵租金，則須徵求房東同意。

◎租金延遲，房東威脅要斷水斷電或換鎖合法嗎？

《民法》第四百四十條，雖有規定房客在延遲達兩個月租金，且經房東催告後，得以要求房客搬離，但若房客不肯遷出，房東只能訴請法院執行，將房屋收回。一般房東想儘速收回房屋，常用以下手段逼迫房客搬家，皆屬違法行爲。

1 房東不得私自換鎖

當房客遲繳租金時，房東不得以換鎖為手段，強制房客搬遷。

2 房東不得斷水斷電

由於水、電、瓦斯，是一個人生活所必要享有的權利，所以房東不能因遲繳租金或費用為由，自行以斷水斷電，做為促使房客繳房租的手段。

小叮嚀 

當生活出現突發狀況，必須延遲繳付租金時，最好事先告知房東，免得失去良性溝通的時機。畢竟，房租很可能也是房東主要收入來源之一，或有貸款壓力、生活費用，在不瞭解房客狀況又有經濟壓力的情況下，很容易對房客有不好印象或想像，極易出現衝突，故建議房客應以同理心保持良好溝通。另外，房東若擅自斷水電或換鎖，恐有強制罪責之疑慮，應慎為之。

合約未滿，房東就要求漲房租怎麼辦？

在租約期滿前，房東是不能要求調漲房租的，但若租約中有特別約定以下條文，基於「私法自治原則」，這些條文則屬有效，需特別留意。

1—長約中，已約定固定期限調漲幅度

在較長的合約中，有經驗的房東通常會在租約中加註，租金可在每一年，或每兩年的週期後，調漲一定比例。因此房東當然可以據此要求漲房租，所以簽約時要張大眼睛看仔細，並要算算自己能力是否能承擔。

2 約定一方提前解約，需一個月前通知

房東若因真有不得已的原因必須調整租金，在新版定型化契約中，直接提供雙方得或不得提前終止租約的選擇，其精神主要是保障，當雙方因此租約造成困擾與爭議時，有提前終止的權利。

當雙方選擇得提前終止時，亦需勾選應於幾個月前通知對方，或是，當一方沒有事先通知時，應賠償對方最高一個月租金金額之違約金等。

若未以新版定型化契約簽訂租約，最好也加註相關條例。

小叮嚀

若因房東提前終止合約，造成房客其他損失，如因必須提前搬遷，導致第四台、網路、電話等費用的浪費，宜先與房東協商如何處理，若雙方無法協調，則可蒐集費用的支出單據，向各地區調解委員會申請調解。

如契約有約定可提前終止的條款，違約金最多就是一個月租金的額度。反之，如果是契約載明不得終止，或未註明可否提前終止，或未依契約約定的時間提前告知終止，則需徵得房東同意，方得提前終止租約。

多找一個人來住，房東可要求加租金？

原本獨立承租的兩房公寓，多找了一個朋友來分攤房租，卻被房東要求增加房租？要釐清誰是誰非，一切都要回到合約條文中，以下是各種可能的狀況。

1—合約明定「不同意轉租」

在定型化契約第七條中，之所以特別將出租人（房東）是否同意讓承租人（房客）全部或部分轉租拉出來，是因為在多數房客不具備法律常識的情況下，轉租問題常造成糾紛。

事實上，當房東在定型化契約中勾選不同意轉租，或在其他形式租約上有載明「不得轉租」的條款時，只要有非原始簽約的房客入住，不管原承租人是否有另外收取租金，房東都可視為轉租行為，可因此變更契約內容，方法是增加房租及收取多出的使用費用（水電費等）。當然，房東也可拒絕讓更多人入住，甚至要求終止合約。

2 合約中沒約定不得轉租

只要合約上沒有載明禁止轉租，則房客是有權利進行「部分轉租」的，房東若要以此做為漲價理由，就是違法。

因在《民法》第四百四十三條：「承租人非經出租人承諾，不得將租賃物轉租於他人。但租賃物為房屋者，除有反對之約定外，承租人得將其一部分轉租於他人。承租人違反前項規定，將租賃物轉租於他人者，出租人得終止契約。」

小叮嚀

無論是否使用新版定型化租賃契約，承租人（房客）最好主動提出要加註「房東同意未來可部分轉租給其他人」的條文。但畢竟有些房東為了確保房客品質，不輕易將轉租權利讓出，在這種情況下，至少要加註：「短期留宿親友，不在此限」的內容，以免有短期留宿他人情形被發現時，造成爭端。

多人合租，該怎麼簽約？

多找一些人一起租房子，固然是一件美事，但因有報稅問題，加上住戶來來去去，都可能發生爭端，以下是多人合租時建議的簽約方式。

1 由一人代表簽約時

由一人代表簽約，負責向住戶收齊房租，繳給房東，是最常見的方式，此人也就成為所謂的二房東。在這種情況下，建議代表簽約的二房東仍要與每位住戶簽約，以免當有人臨時退租時，二房東需負擔租金的缺口，且求助無門。

此外，二房東要注意租約中不能有「不得轉租」等字樣，可與房東協議，將禁止部份轉租條文刪除或直接載明「得部分轉租」，以保障自己權益。

2 所有人一起簽約

為了共同承擔責任，最佳的方式就是讓所有住戶列名在同一張租約上，且一定要註明各人所居住的區域與金額，才能釐清各人使用及負擔之權利與義務，不致造成日後有人悔約，其他室友仍須背負其租金支付之義務。

3 個別與房東簽約

另一種是對房東而言較麻煩的作法是，每位住戶分別與房東簽約，各自擁有一本契約，對權利與義務的約定相對單純而清楚。

小叮嚀

多人一起簽署一份租約時，要特別注意，簽名時不要簽在「連帶保證人」的欄位，否則在其他住戶欠租時，房東是可向直接向連帶保證人求償所有金額的。

◎天災導致物品損壞，可以向房東索賠嗎？

看屋時就應學會「抓漏」，觀察、判斷房屋是否有漏水、滲水的可能，一來對居住者未來居住環境品質造成不確定隱憂，二來是每當出現大雨，或颱風天時，也可能造成自身財務的損失。若不幸發生這種狀況，以下釐清責任歸屬的幾項重點。

1 房客是否負善良管理人責任？

當發現漏水、滲水跡象時，必需立即告知房東。如果是因為房客的疏忽，未請房東及時處理修繕，導致滲水情況日益嚴重，則房客不但沒有權利要求房東賠償，反而得負起修繕房屋的責任。

2 求償有條件限制

如果房客曾知會房東滲水狀況，房東仍不處理，並在日後造成房客財物的損失，則可要求房東負擔賠償責任，但房客在求償前，是需要負舉證責任的，亦應以簡訊、電子郵件或存證信函等通知方式證明已提醒房東，但未獲房東處理。

此外，求償前需有個觀念：物品是不可能以全新全額的方式索賠的，需用折舊後的金額計算，所以最好提供當初購入證明，並提出一個合理的折算方式。

3 天災因素則無法求償

如果滲水、淹水，是因為連日大雨、颱風或其他天災，則屬於不可抗力因素，是不能歸責於房東的，房東自然無須賠償。

不過，若是房屋因天災因素，已到「不堪使用」的情況，由於《民法》規定，房東交付給房客的應是「合於所約定使用收益之租賃物」，當房屋不符合當初約定的狀況時，房客可選擇和房東協商合意終止合約，或協商在房東將房屋修復完整時先暫停支付房租。

此外，當天災來臨前已有毀損狀況，已通知房東修繕但未完成處理，後因天災而導致損害擴大，在這種情況下，房客也可向房東求償。

小叮嚀

因滲、漏水導致屋內財物損失的情形時有所聞，在實務上，也常難以釐清責任歸屬，在誠心和房東溝通後，仍沒有得到正面回應，建議尋求專業者的鑑定，再回頭與房東溝通，或是尋找地區調解委員會進行調解。

房東可以任意進入租屋處嗎？

房東可否出入租屋處，首先要釐清的是房客的「承租範圍」。由於分租套房、雅房與獨立套房的狀況大不同，以下即依據各種狀況加以說明。

1 雅房與分租套房

由於雅房與分租套房的物件，房東會在租約中註明房客所承租的是臥房，而客廳、廚房與陽台屬於公共空間，所以只要房東沒有出入個人的房間，一般說來是不違法的。

2 獨立套房、整層公寓

若承租的是擁有獨立門牌的整層公寓或獨立套房，房東是不可任意出入租屋處的。房客在承租後即擁有房子的使用權，當然也有權利維護自身居住的安全隱私，是可自行換鎖且禁止他人隨意進入。

小叮嚀

雅房、分租套房的房門，雖可自行換鎖，但為顧及租賃關係的平和，仍建議最好先探詢房東是否同意自行換鎖，若房東堅持不同意，在不破壞彼此關係下，則建議加裝鎖扣，以保障自身安全。另外，加裝物品除須徵求房東同意外，注意不能破壞原有結構，且告知房東日後返還房屋時，將不再拆除，以現狀返還。若為換鎖，請保留原始的舊鎖，以便在租約到期時「回復原狀」。

房東要賣屋，房客一定要搬嗎？

爲保障承租者房客的權益，《民法》第四百二十五條「買賣不破租賃」，有規定房東不得因所有權移轉，要求房客搬離。但依據租約的詳細內容、期限等，仍有一些例外狀況是無法主張此一權利的。

1 未經公證，超過五年的租約或不定期租約

當租約超過五年，又沒有經過公證，或為不定期租約（詳見PART3），都不適用「買賣不破租賃」，新的房屋所有權人可以不想承接這份租約為由，要求房客搬離。

2 房屋遭法拍時

如果此租約是在法院查封房屋前即簽訂，同樣適用「買賣不破租賃」的原則，新屋主不得強制房客搬離。不過，租約如果是在查封後簽訂，就不適用此一原則。

3 房屋轉讓後，不需重新簽約

由於最高法院二十三年台上字第三〇九二號的判例：「出租人於租賃物交付後，將其所有權讓與第三人時，其租賃契約既對於受讓人繼續存在，則在承租人與受讓人間，自無須另立租賃契約，於受讓之時當然發生租賃關係。」代表新屋主在房屋轉讓時，已概括承受原來的契約內容，當然不可推卸應承受的權利義務。若想簽定新約，新屋主欲變更原有契約內容，則需徵求房客同意，房客對原有契約內容可主張至舊契約期滿再做協商。

4 房東強制搬離時，可要求賠償

由於以上第三項所顯示，新屋主不願承受有租賃契約存在的房屋，通常會要求舊屋主以解除租賃契約做為買賣條件，也容易造成舊屋主強烈要求房客搬離的情形。當有這種狀況時，由於是房東違法提前終止合約，房客是有權利要求違約金與搬遷費用等賠償的。

5 房客不可主張提前解約

如果是房客覺得住下來不安心，像是擔心新屋主趕人、不好相處，不知舊房東是否把租金押金轉給新屋主等問題時，而主動要求搬走的話，則房東是可以依約定要求房客賠償違約金的。

小叮嚀

為了確保押金返還問題該如何處理，最好要求和新舊屋主一起見個面，以確定押金確實交付新屋主手上，並藉此瞭解自己的新房東。

住得不愉快，可以提前解約嗎？

爲了確保雙方提前終止租約的權利，最好在定型化契約第十一條「本契約於期限屆滿前，租賃雙方□得□不得終止租約」中，勾選「得」的欄位。如果沒有特別載明或勾選「不得」的欄位，提前終止的一方需經另一方同意，或除非遇到以下狀況，才能主張提前終止租約。

1 除非危及安全健康

雖然《民法》第四百二十四條規定：「租賃物為房屋或其他供居住之處所者，如有瑕疵，危及承租人或其同居人之安全或健康時，承租人雖於訂約時已知其瑕疵，或已拋棄其終止契約之權利，仍得終止契約。」但須是科學或醫學可舉證的事實，例如：海砂屋、輻射屋或政府機關認定的危樓。

但要注意的是，在一般大眾擔心的電磁波部分，由於目前尚未有具體的事證可證明電磁波對人體的影響，所以現有法令沒有對此訂定規範與罰則，所以不適用於這個法條。

2 房東未盡修繕責任時

房屋損害而有修繕必要時，應由房東負責修繕，如果在房客以簡訊或書面通知催告後，房東仍拒絕修繕，房客可據此要求提前終止租約。

3 房屋滅失時

如果因天災，或其他非房客因素導致房屋滅失，房客可依據滅失部分，請求減少租金，如果減少的金額無法達成協議，或房屋所存餘的部分已無法居住，房客也可要求提前終止租約。

小叮嚀

許多人在入住後，才發現鄰居的素質不佳，或房子隔音差、出入份子複雜，或因鄰居寵物擾人等理由，希望提前終止合約。但因這些狀況都屬於承租人應於承租前先行注意事項，若要終止須能舉證確實構成危害承租人身體健康安全，否則不得依此終止合約。

租約迷宮導航 GPS----

106 年新版租賃定型化契約逐條攻略

租約迷宮導航GPS——

一〇六年新版租賃定型化契約逐條攻略

經過上述說明後，相信讀者對租賃相關法律的基本精神，已有一定認識。以下即針對一〇六年公布的新版租賃定型化契約內容，一一說明合約內容與注意事項。

有些房東仍習慣使用便利商店販售的租約，這時，就要特別將房東所追加要求的條例，與「應記載和不得記載事項」加以核對，否則將對自身權益造成損害。

租賃契約範本

（中華民國一〇五年六月二十三日內政部內授中辦地字第1051305386號公告修正版本）

解析重點

契約審閱權

本契約於中華民國＿＿年＿＿月＿＿日經承租人攜回審閱＿＿日（契約審閱期間至少三日）

承租人簽章：

出租人簽章：

前言

立契約書人承租人＿＿＿＿＿，出租人＿＿＿＿＿【為□所有權人□轉租人（應提示經原所有權人同意轉租之證明文件）】茲為房屋租賃事宜，雙方同意本契約條款如下：

★《消保法》第十一條第二項規定「中央主管機關得選擇特定行業，公告定型化契約之審閱期間」，故主管機關對於租屋行業的審閱期為至少三日。因此，即使簽訂的租約版本中沒有註明，房客一樣可以享有至少三天的審閱期間，確定一下契約有無問題或需調整的地方。

★訂約時應先確定訂約者之身分，即房東是否為房屋所有權人或有權出租者，可請對方出示身分證或駕照等證明身分之文件及房屋所有權狀或房屋稅單，以確定是屋主本人。

★若立契約書人中有一方為未成年人，最好取得法定代理人之同意，以免因事後法定代理人不同意而產生困擾。但如事實足以認定，租屋是該 未成年人日常生活所必需（例如求學 中的學生），縱使未得法定代理人同 意，租約仍然有效。

★此處出租人及承租人、連帶保證人名 稱記載，一定要與契約書最後的簽名處記載一致，以免發生爭議。

一、房屋租賃標的

1、房屋標示：

（一）門牌＿＿縣（市）＿＿鄉（鎮、市、區）＿＿街（路）＿＿段＿＿巷＿＿弄＿＿號＿＿樓（基地坐落＿＿段＿＿小段＿＿地號）

（二）專有部分建號＿＿，權利範圍＿＿，面積共計＿＿平方公尺。

（三）共有部分建號＿＿，權利範圍＿＿，

★房屋標示資料可由建物登記謄本得知。

★訂約前應先確定欲承租房屋的結構是否安全，防火防盜等防災及逃生設備是否齊全，並注意房屋四周的環境，是否是頂樓加蓋或是地下防空避難室。

★確定房屋出租的範圍，或是否附家具使用等均應詳予約定，因為此會涉及到房東應交持分面積＿＿平方公尺。

（四）□有□無設定他項權利，若有，權利種類：＿＿＿＿。

（五）□有□無查封登記。

2、租賃範圍：

（一）房屋□全部

□部分：第＿＿層□房間＿＿間□第＿＿室，面積＿＿平方公尺（如「房屋位置格局示意圖」標註之租賃範圍）。

（二）車位：

1、車位種類及編號：地上（下）第＿＿層□平面式停車位□機械式停車位，編號第＿＿號車位＿＿個。

2、使用時間：□全日□日間□夜間

□其他＿＿＿＿。（如無則免填）

（三）租賃附屬設備：□有□無附屬設備，若有，除另有附屬設備清單外，詳如後附房屋租賃標的現況確認書。

（四）其他：＿＿＿＿。

付給房客的房屋狀態，以及未來租賃關係終止時，房客應返還如何狀態的房屋及有關設備。

★附屬設備清單應由租賃雙方以現況確認書互為確認，以杜糾紛。

二、租賃期間

租賃期間自民國___年___月___日起至民國___年___月___日止。

★勿忘填寫，避免變成不定期租賃。

三、租金約定及支付

承租人每月租金為新臺幣（下同）___元整，每期應繳納　個月租金，並於每□月□期___日前支付，不得藉任何理由拖延或拒絕；出租人亦不得任意要求調整租金。

租金支付方式：□現金繳付□轉帳繳付：金融機構：___，戶名：___，帳號：___。□其他：___。

★建議可以劃撥、匯款等方式繳交租金，避免發生爭議而涉訟時，舉證困難。

★有訂期限之租賃契約，房東不得單獨調漲租金，如果房東片面提出調漲租金時，房客可以予以拒絕。

★《民法》四四〇條規定，房客要欠租兩期以上，並經房東定期催告，房東才能終止租約，是以若房東在租賃契約中明訂「欠租即可終止租約」是無效的。

四、擔保金（押金）約定及返還

擔保金（押金）由租賃雙方約定為___個月

★參酌土地法第九十九規定「……擔保之金額，不得超過二個月房屋租金之總額已交付租金，金額為＿＿元整（最高不得超過二個月房屋租金之總額；超過部分，承租人得以超過之部分抵付房租）。承租人應於簽訂本契約之同時給付出租人。

前項擔保金（押金），除有第十一條第三項、第十二條第四項及第十六條第二項之情形外，出租人應於租期屆滿或租賃契約終止，承租人交還房屋時返還之。

五、租賃期間相關費用之支付

租賃期間，使用房屋所生之相關費用：

一、管理費：

□由出租人負擔。□由承租人負擔。

房屋每月＿＿元整。停車位每月＿＿元整。

租賃期間因不可歸責於雙方當事人之事由，致本費用增加者，承租人就增加部分之金額，以負擔百分之十為限；如本費用減少

之擔保金，超過前項限度者，承租人得以超過之部份抵付房租」。

★有關使用房屋而連帶產生的相關費用如水電費、大樓管理費等，最好事先於契約中明訂數額或彼此分擔之方式，以免事後產生爭議。但在簽約時未言明之其他費用，且為使用租賃房屋所產生之費用，應由甲方來負擔。

★管理費本約定由房客負擔，後租賃期間承

者，承租人負擔減少後之金額。

□其他：______。

二、水費：

□由出租人負擔。□由承租人負擔。

□其他：______。（例如每度 元整）

三、電費：

□由出租人負擔。□由承租人負擔。

□其他：______。（例如每度 元整）

四、瓦斯費：

□由出租人負擔。□由承租人負擔。

□其他：______。

其他費用及其支付方式：______。

六、稅費負擔之約定

本租賃契約有關稅費、代辦費，依下列約定辦理：

一、房屋稅、地價稅由出租人負擔。

租處的管理費突然非房東或房客的原因而增加（例如大樓要更換電梯，管理基金有不足，區分所有權會議通過，每月管理費會多加收一個月為期兩年），為免對房客對承租當時需支付的費用認知差距過大，故房客可對增加部分，不超過百分之十為限。

★房屋租賃範圍若非屬全部者（如部分樓層之套房或雅房出租），相關費用及其支付方式，宜由租賃雙方依實際租賃情形事先於契約中明訂數額或雙方分擔之方式。例如以房間分度表數計算每度電費或水費應支付之金額。

★簽約代辦費通常發生在雙方當事人無法親自出席，委託他人（例如：仲介代理人、代書等）代為處理時會發生之費用。

二、銀錢收據之印花稅由出租人負擔。
三、簽約代辦費＿＿元。
□由出租人負擔。□由承租人負擔。
□由租賃雙方平均負擔。□其他：＿。
四、公證費＿＿元。
□由出租人負擔。□由承租人負擔。
□由租賃雙方平均負擔。□其他：＿。
五、公證代辦費＿＿元。
□由出租人負擔。□由承租人負擔。
□由租賃雙方平均負擔。□其他：＿。
其他稅費及其支付方式：＿＿。

七、使用房屋之限制

本房屋係供住宅使用。非經出租人同意，不得變更用途。

承租人同意遵守住戶規約，不得違法使用，

★簽約代辦費通常發生在雙方當事人無法親自出席，委託他人（例如：仲介代理人、代書等）代為處理時會發生之費用。

★房客欲擔任二房東角色時，應先取得房東同意，經確定可以轉租後，方可與房客簽約，訂約後房客只需對二房東負責，屆時如果房客有違背契約之情形時，則由二房東對大房東負責。

或存放有爆炸性或易燃性物品，影響公共安全。

出租人□同意□不同意將本房屋之全部或一部分轉租、出借或以其他方式供他人使用，或將租賃權轉讓於他人。

前項出租人同意轉租者，承租人應提示出租人同意轉租之證明文件。

八、修繕及改裝

房屋或附屬設備損壞而有修繕之必要時，應由出租人負責修繕。但租賃雙方另有約定、習慣或可歸責於承租人之事由者，不在此限。

前項由出租人負責修繕者，如出租人未於承租人所定相當期限內修繕時，承租人得自行修繕並請求出租人償還其費用或於第三條約定之租金中扣除。

★房屋或附屬設備損壞有修繕之需要時，原則由出租人負責修繕。但若有約定是由房客負擔修繕責任，記得要釐清項目類別及範圍。

★回復原狀，意指回復至未受損害之原狀，但房子經過使用後的自然耗損下則不屬回復原狀之要求範圍。

房屋有改裝設施之必要，承租人應經出租人同意，始得依相關法令自行裝設，但不得損害原有建築之結構安全。

前項情形承租人返還房屋時，□應負責回復原狀□現況返還□其他＿＿＿＿。

九、承租人之責任

承租人應以善良管理人之注意保管房屋，如違反此項義務，致房屋毀損或滅失者，應負損害賠償責任。但依約定之方法或依房屋之性質使用、收益，致房屋有毀損或滅失者，不在此限。

十、房屋部分滅失

租賃關係存續中，因不可歸責於承租人之事由，致房屋之一部滅失者，承租人得按滅失之部分，請求減少租金。

★房客如果要裝潢，改變房屋原本結構，應先取得房東之同意，亦可事先與房東約定好，租約期滿房東是否願意買下裝潢或是否願意多續租幾年，再決定是否投入裝潢改善。

★《民法》第四三二條，承租人善良管理人，善盡維護責任，發現問題儘早告知，請房東處理。不告知而致事態嚴重，房東可要求房客分擔費用。

十一、提前終止租約

本契約於期限屆滿前，租賃雙方□得□不得終止租約。

依約定得終止租約者，租賃之一方應於□一個月前□——個月前通知他方。一方未為先期通知而逕行終止租約者，應賠償他方——個月（最高不得超過一個月）租金額之違約金。

前項承租人應賠償之違約金得由第四條之擔保金（押金）中扣抵。

租期屆滿前，依第二項終止租約者，出租人已預收之租金應返還予承租人。

★若無約定或約定不得提前終止租約，則須徵得雙方同意。

十二、房屋之返還

租期屆滿或租賃契約終止時，承租人應即將房屋返還出租人並遷出戶籍或其他登記。

前項房屋之返還，應由租賃雙方共同完成屋況及設備之點交手續。租賃之一方未會同點

★要交還租賃處時，房屋若未改裝過，房客僅以現狀交屋即可，例如在原來或經常使用情形下，因經過使用而呈現該有的狀態，就像地毯、電燈、衛浴設備等正常使用而耗損的情況；但如果房客為了安裝冷氣或其他設

交，經他方定相當期限催告仍不會同者，視為完成點交。

承租人未依第一項約定返還房屋時，出租人得向承租人請求未返還房屋期間之相當月租金額外，並得請求相當月租金額一倍（未足一個月者，以日租金折算）之違約金至返還為止。

前項金額及承租人未繳清之相關費用，出租人得由第四條之擔保金（押金）中扣抵。

十三、房屋所有權之讓與

出租人於房屋交付後，承租人占有中，縱將其所有權讓與第三人，本契約對於受讓人仍繼續存在。

前項情形，出租人應移交擔保金（押金）及已預收之租金與受讓人，並以書面通知承租人。

備，未經房東同意而擅自鑿洞、釘孔或挖掘時，需負賠償責任。

★房屋租賃期間，房東要賣屋，房客可以放心繼續承租，租屋契約會自動移轉至新的房東，當時契約中約定內容及權益都不會改變。

★但要注意，如果是不定期租約或超過五年未經公證契約是不適用。

本契約如未經公證，其期限逾五年或未定期限者，不適用前二項之約定。

十四、出租人終止租約

承租人有下列情形之一者，出租人得終止租約：

遲付租金之總額達二個月之金額，並經出租人定相當期限催告，承租人仍不為支付。

違反第七條規定而為使用。

違反第八條第三項規定而為使用。

積欠管理費或其他應負擔之費用達相當二個月之租金額，經出租人定相當期限催告，承租人仍不為支付。

十五、承租人終止租約

出租人有下列情形之一者，承租人得終止租約：

★房客要注意，如有費用欠繳其金額已達二個月租金，房東是可以終止租約。

★如果出租房屋已經危害到房客的健康與生命安全，即便房客簽約時同意承租，但仍可依房屋有危害安全或健康之瑕疵（例如房子房屋損害而有修繕之必要時，其應由出租人負責修繕者，經承租人定相當期限催告，仍未修繕完畢。

有第十條規定之情形，減少租金無法議定，或房屋存餘部分不能達租賃之目的。

房屋有危及承租人或其同居人之安全或健康之瑕疵時。

十六、遺留物之處理

租期屆滿或租賃契約終止後，承租人之遺留物依下列方式處理：

承租人返還房屋時，任由出租人處理。

承租人未返還房屋時，經出租人定相當期限催告搬離仍不搬離時，視為廢棄物任由出租人處理。

前項遺留物處理所需費用，由擔保金（押金）先行扣抵，如有不足，出租人得向承租人請求給付不足之費用。

是幅射屋或房子因地震而變成危樓），房客還是可以隨時提出終止租約。

十七、通知送達及寄送

除本契約另有約定外，出租人與承租人雙方相互間之通知，以郵寄為之者，應以本契約所記載之地址為準；並得以□電子郵件□簡訊□其他＿＿＿方式為之（無約定通知方式者，應以郵寄為之）；如因地址變更未通知他方或因＿＿＿，致通知無法到達時（包括拒收），以他方第一次郵遞或通知之日期推定為到達日。

十八、疑義處理

本契約各條款如有疑義時，應為有利於承租人之解釋。

十九、其他約定

本契約雙方同意□辦理公證□不辦理公證。

★為因應資訊化及科技化時代潮流，有關通知到達之方式，除郵寄外，可以利用電子設備或以其他約定方式為之。

★基於房屋租賃契約請求作成公證書，得由租賃雙方自行約定應逕受強制執行之事項。

（契約公證的地點：法院公證處或法院所屬

本契約經辦理公證者，租賃雙方 □ 不同意；□ 同意公證書載明下列事項應逕受強制執行：

□ 一、承租人如於租期屆滿後不返還房屋。

□ 二、承租人未依約給付之欠繳租金、出租人代繳之管理費，或違約時應支付之金額。

□ 三、出租人如於租期屆滿或租賃契約終止時，應返還之全部或一部擔保金（押金）。

公證書載明金錢債務逕受強制執行時，如有保證人者，前項後段第＿款之效力及於保證人。

二十、爭議處理

因本契約發生之爭議，雙方得依下列方式處理：

民間公證人）

向房屋所在地之直轄市、縣（市）不動產糾紛調處委員會申請調處。

向直轄市、縣（市）消費爭議調解委員會申請調解。

向鄉鎮市（區）調解委員會申請調解。

向房屋所在地之法院聲請調解或進行訴訟。

二十一、契約及其相關附件效力

本契約自簽約日起生效，雙方各執一份契約正本。

本契約廣告及相關附件視為本契約之一部分。

本契約所定之權利義務對雙方之繼受人均有效力。

二十二、未盡事宜之處置

本契約如有未盡事宜，依有關法令、習慣、

★雙方於訂定契約時，應於契約上清楚載明特別約定之事項，如可否飼養寵物、可否開平等互惠及誠實信用原則公平解決之。

附件

- □建物所有權狀影本
- □使用執照影本
- □房屋位置格局示意圖
- □雙方身分證影本
- □授權代理人簽約同意書
- □保證人身分證影本
- □房屋租賃標的現況確認書
- □附屬設備清單
- □其他（測量成果圖、室內空間現狀照片）

放異性入內、可否留宿異性、可否打麻將、室內可否吸煙及修繕責任歸屬等相關生活約定，以免日後產生爭議及糾紛。

立契約書人

出租人：

姓名（名稱）：　　　　（簽章）

統一編號：

戶籍地址：

通訊地址：

連絡電話：

負責人：　　　　（簽章）

統一編號：

電子郵件信箱：

承租人：

姓名（名稱）：　　　　（簽章）

統一編號：

戶籍地址：

通訊地址：

連絡電話：

電子郵件信箱：

★原則上本人「簽名」即生效，至於使用印章是本人沒簽名時的代替方法。只要當事人簽約時具行為能力者，簽名或蓋章的法律效力相同，所以採其中一種方式即可。

★訂約時請務必詳細審閱契約條文，由雙方簽名、蓋章或按手印，並寫明戶籍地址及身份證號碼，以免日後求償無門。

★契約書內容中若有更改處，雙方要加蓋印章或共同簽名，以防止未來發生糾紛情事。

★簽約完畢，雙方應各執一份完整的契約書正本留存，如有多位承租人，則可與出租人依人數分別訂立數份契約，亦或每位承租人於租賃契約書承租人處簽名，以保障自身權益。

應記載事項

（一）契約審閱期。
（二）房屋租賃標的、租賃期間、租金約定及支付。
（三）擔保金（押金）約定及返還、租賃期間相關費用之支付、稅費負擔之約定。
（四）使用房屋之限制、修繕及改裝、承租人之責任。
（五）房屋部分滅失、提前終止租約、房屋之返還及房屋所有權之讓與。
（六）出租人、承租人終止租約。
（七）通知送達及寄送、其他約定、契約及其相關附件效力、當事人及其基本資料。

不得記載事項

（一）不得約定拋棄審閱期間。
（二）不得約定廣告僅供參考。
（三）不得約定承租人不得申報租賃費用支出。
（四）不得約定承租人不得遷入戶籍。
（五）不得約定應由出租人負擔之稅賦及費用，若較出租前增加時，其增加部分由承租人負擔。
（六）出租人明知房屋有瑕疵且故意不告知者，不得約定排除民法上瑕疵擔保責任。
（七）不得約定承租人須繳回契約書。
（八）不得為違反強制或禁止規定之約定。

國家圖書館出版品預行編目(CIP)資料

小資租屋大哉問 :全面剖析從找屋、看屋、簽約到入住會遇到的常見問題　/ 崔媽媽基金會著
.-- 初版 .-- 新北市：大喜文化 ,2019.05
面 ; 公分 .
ISBN 978-986-97518-6-5(平裝)
1. 租屋

542.636　　　　108006128

小資租屋大哉問

全面剖析從找屋、看屋、簽約到入住會遇到的常見問題

作　　者 / 崔媽媽基金會
發 行 人 / 梁 崇 明
編　　輯 / 鄧 琪 潔

出版發行 / 大喜文化有限公司
登 記 證 / 行政院新聞局局版台省業字第 244 號
P.O.BOX / 中和市郵政第 2-193 號信箱
發 行 處 / 23556 新北市中和區板南路 498 號 7 樓之 2
電　　話 / (02)2223-1391　傳　　真 / (02)2223-1077
E-mail / joy131499@gmail.com
銀行匯款 / 銀行代號：050，帳號：002-120-348-27
臺灣企銀，帳戶：大喜文化有限公司
劃撥帳號 / 5023-2915，帳戶：大喜文化有限公司

總 經 銷 / 聯合發行股份有限公司
地　　址 / 231 新北市新店區寶橋路 235 巷 6 弄 6 號 2 樓
電　　話 / (02)2917-8022　傳　　真 / (02)2915-6275

初　　版 / 西元 2019 年 05 月
流 通 費 / 新台幣 280 元
網　　址 / www.facebook.com/joy131499